AF469832

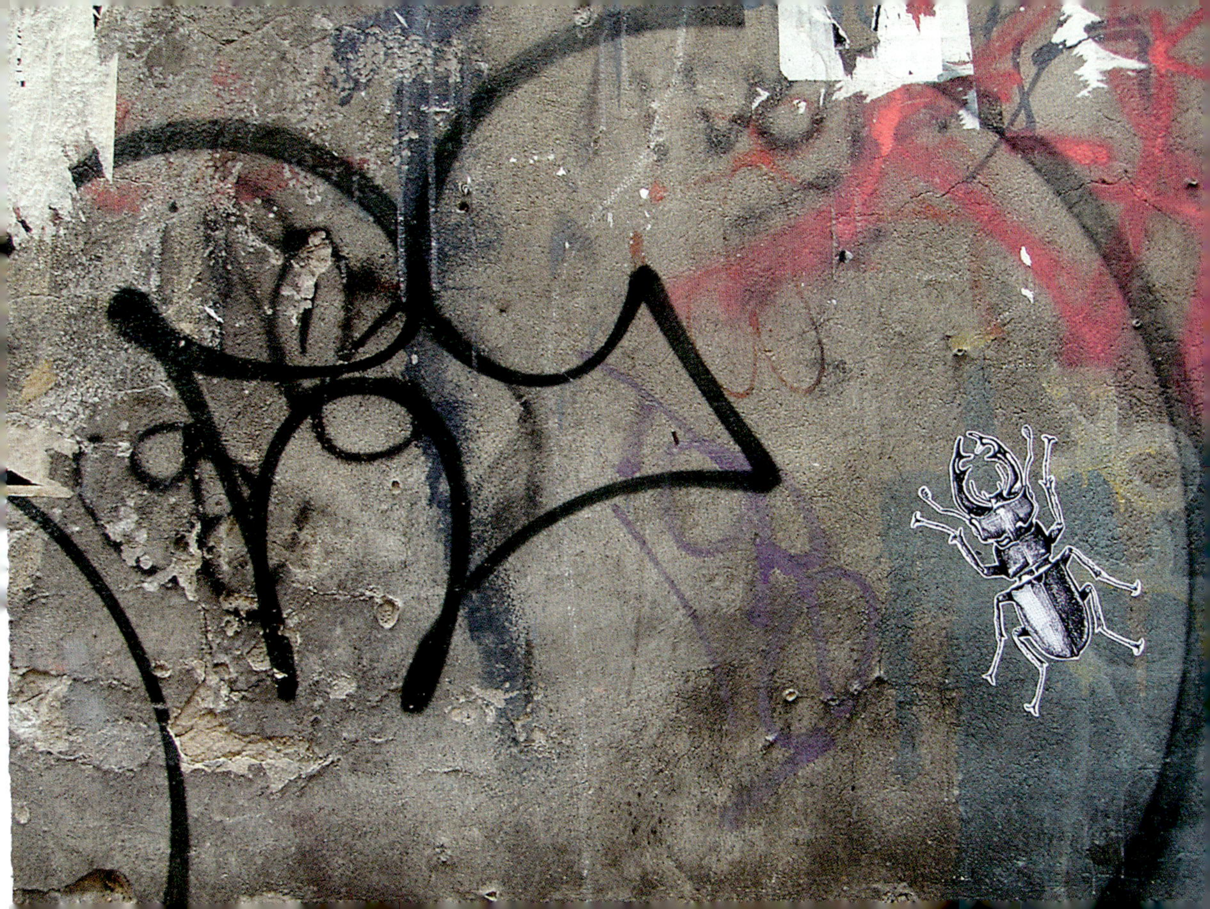

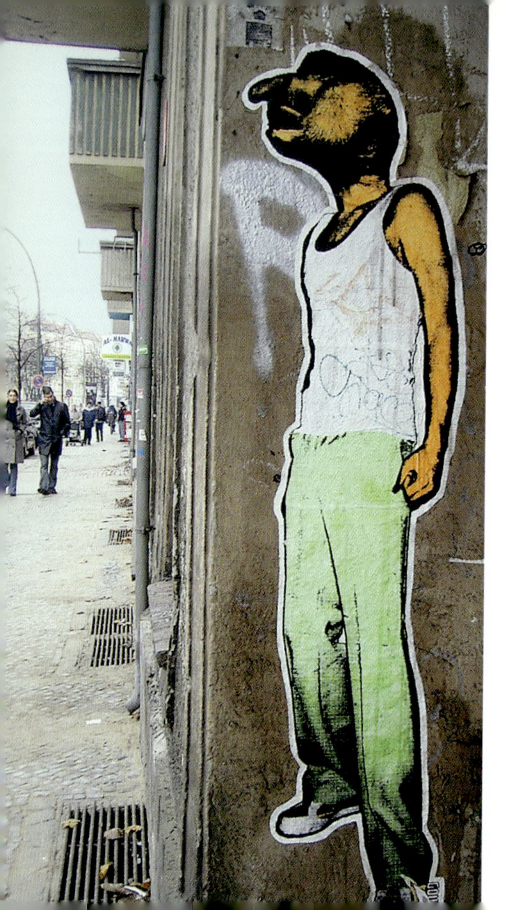

Sven Zimmermann

BERLIN STREET ART

Prestel

München · Berlin · London · New York

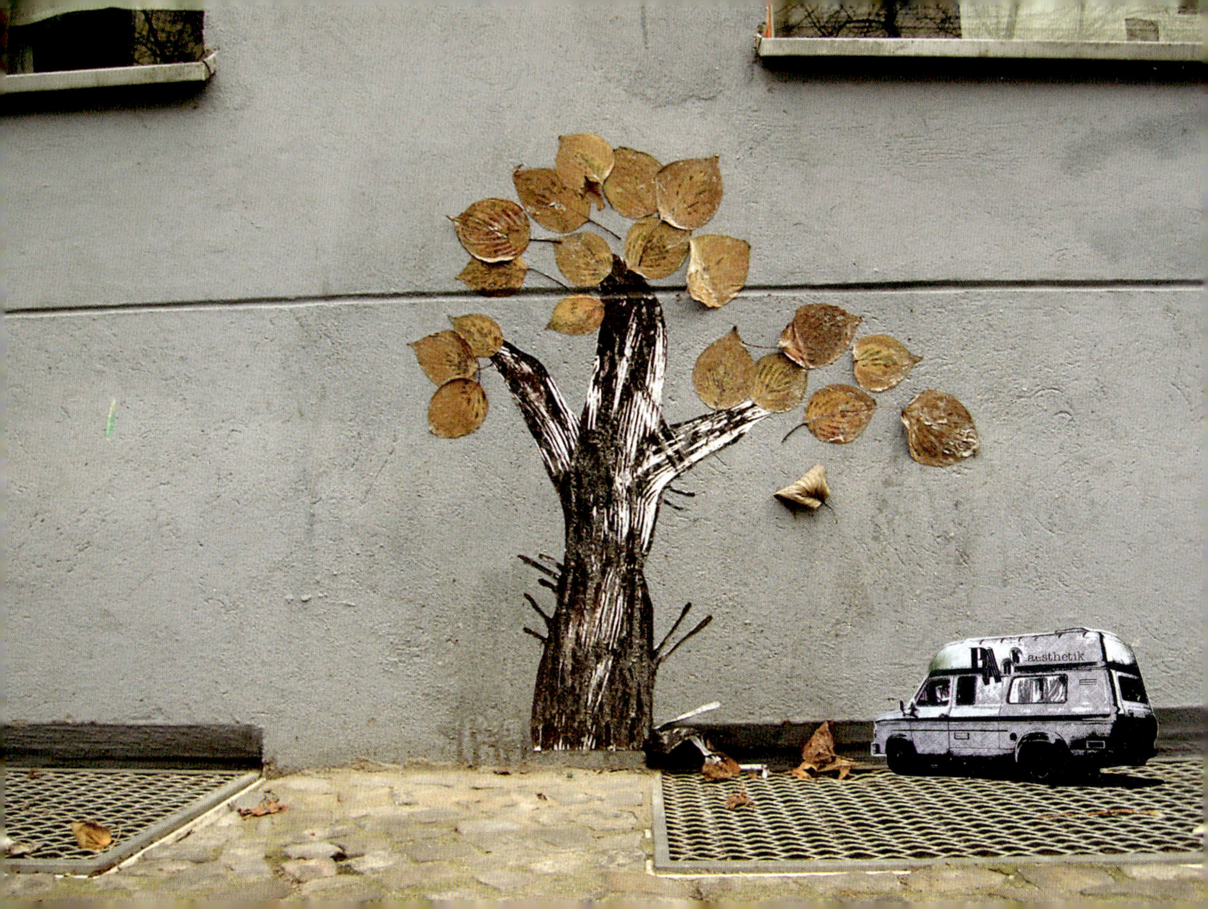
.aesthetik

Dieses Buch widme ich mit Liebe und Dank meiner Freundin Mo und unserer Tochter Lydia.

I dedicate this book in love and gratitude to my girlfriend, Mo, and our daughter, Lydia.

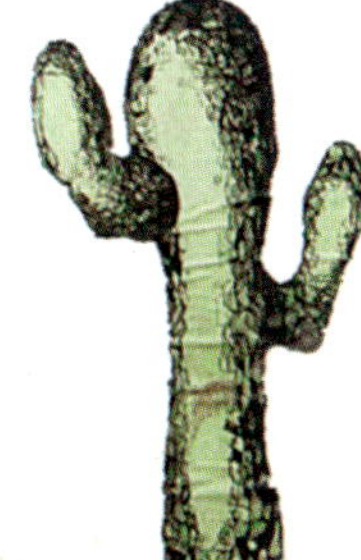

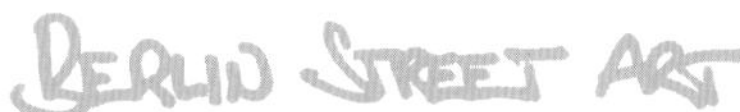

Sie kommen nachts. Mit ihnen kommen Fotokopien, Tapetenbahnen, Kleister, Paketzettel oder Sprühschablonen. Morgens sind ihre Aktivitäten sichtbar und kleben an Fassaden, Trafohäuschen, Verkehrsschildern oder Containern. Gewinnt man einmal den Blick für diese Botschaften, wird man *Linda, Gould, Nomad, Tower* oder *Fuck your Crew* sowie all die Namenlosen nicht mehr los.

Um diesen neuen, subkulturellen Strömungen von Straßenkunst gerecht zu werden, hat sich in den letzten Jahren der Begriff „Street Art" etabliert. Street Art bedient sich in ähnlicher Weise wie Graffiti, Taggen oder Writing des öffentlichen Raums, macht dies aber mit wesentlich konkreteren Botschaften und Bildern. Die Werke der Street Art Aktivisten sind kreative Schöpfungen, die den Betrachter quasi im Vorbeigehen Geschichten erzählen, Rätsel aufgeben oder zum Nachdenken anregen. Ihre Symbole, Botschaften und Gesichter gestalten und verändern den öffentlichen Raum und damit die Wahrnehmung. Street Art ist somit nicht nur subkulturelle und kreative Ausdrucksform im Kontext der Straße, sondern auch ein Beitrag zur Förderung der menschlichen Kommunikation.

Im weitesten Sinne kann man auch Straßenmusiker und andere Artisten zur Street Art zählen.
Street Art ist urbanes Leben, direkt und ohne Filter. Mitten unter uns, auf unseren Straßen.
Es ist eine Form von Persönlichkeitsentfaltung, verbunden mit dem Wunsch nach Mitgestaltung
und Selbstdarstellung.

Das Spiel mit Worten und Bildern, oftmals mit dem Medium Straße selbst, hat mich von Anfang
an fasziniert. Als ich eher durch Zufall das erste Bild dieser Art machte, war ich gerade arbeitslos
und hatte viel Zeit zum Fotografieren. Wie es der Zufall so will, häuften sich zu dieser Zeit die
Plakate und Collagen, Aufkleber und Scherenschnitte, und mein Wohnkiez Friedrichshain-Kreuzberg wurde durch immer komplexere und individuellere Ausdrucksformen von Street Art geprägt.

Mich haben die Bilder nicht nur begeistert und gleichermaßen unterhalten, sondern auch
dazu bewegt, sie zu dokumentieren und mich mit Street Art und seinen vielseitigen Ausdrucksformen auseinander zu setzen und meinen Blick dafür zu sensibilisieren.

Die Bilder sind mit einer Standard Digitalkamera über einen Zeitraum von ca. 3 Jahren gemacht
worden und stellen in ihrer Auswahl und Darstellung eine subjektive Abbildung meiner Wirklich-
keit dar, die sich dank Street Art wieder ein klein wenig verändert hat …

Es lebe die Straße. Berlin 2005

Berlin Street Art

They come at night. They bring with them photocopies, strips of wallpaper, paste, labels
or spray stencils. By the morning, the results of their activities are visible and stuck to façades,
control boxes, traffic signs and containers. Once you start noticing the messages, you can't
escape *Linda, Gould, Nomad, Tower* or *Fuck your crew* and all the anonymous ones.

The term 'street art' has gained acceptance to describe these new, subcultural outpourings of
recent years. Street art exploits public spaces in the same way as graffiti, tags or writing, but its
messages and pictures are far more specific. The works of street artists are creative, telling
stories, giving advice or invoking pause for thought as you pass. Their symbols, messages and
faces shape and change public spaces and the way they are seen. Street art is thus not only a
subcultural and creative form of expression in the context of the street but also a contribution
to the promotion of human communication.

In the broadest sense, street musicians and other performers can be ranked with street art. Street art is urban living, direct and without a filter. In our midst, in our streets. It is a form of personality development, linked with a wish to leave a mark and to grandstand.

The play of words and images, often involving the street itself, has always fascinated me. When I did my first picture of this kind, more or less by chance, I happened to be out of work and so had a lot of time to take photos. As luck would have it, there were posters and collages, stickers and silhouettes all over the place at the time, and the district I was living in – Friedrichshain-Kreuzberg – was overrun by ever more fanciful and ambitious manifestations of street art.

Not only have the pictures fascinated and entertained me in equal measure but they have also inspired me to document them and find out more about street art and its diverse forms – in short, hone my eye.

The pictures were taken with a standard digital camera over a period of about three years. The selection and compilation constitute a subjective panorama of my reality, which thanks to street art has undergone a slight change …

Three cheers for the street!
Berlin 2005

»Vergänglichkeit ist der wichtigste Aspekt meiner Arbeit, deshalb habe ich irgendwann
angefangen Sperrmüll zu bemalen – nicht weil ich mich nicht »traute« Wände zu bemalen.
Wenn ich es könnte würd' ich den Wolken am Himmel Formen geben, und dann zusehen,
wie sie verdampfen.«

NOMAD *

"Transitoriness is the most important aspect of my work, which is why at some point
I began to paint bulky rubbish – not because I didn't trust myself to paint walls. If I could,
I'd shape the clouds in the sky and then watch them evaporate."

NOMAD *

* Wall Street Journal #9 May/June 2005

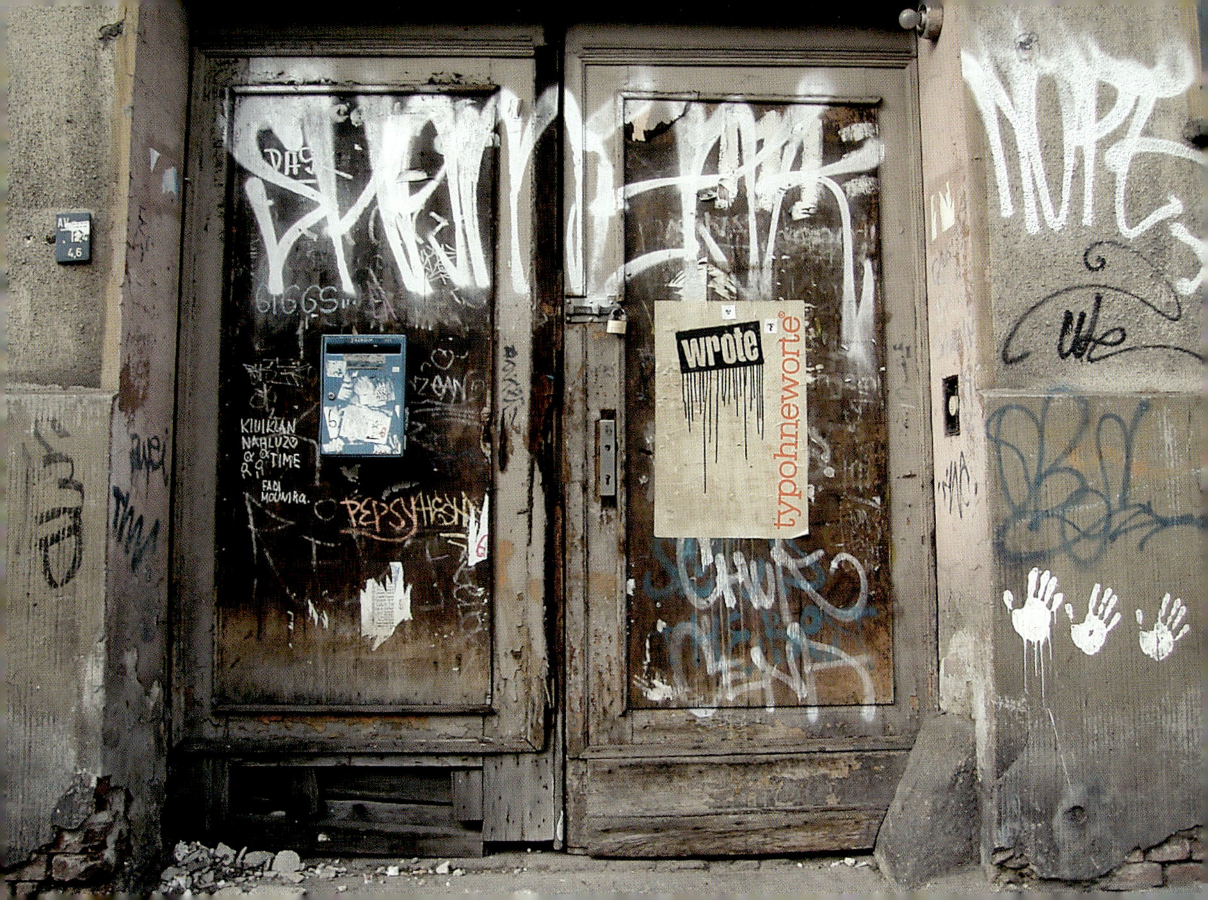

wrote
typohneworte

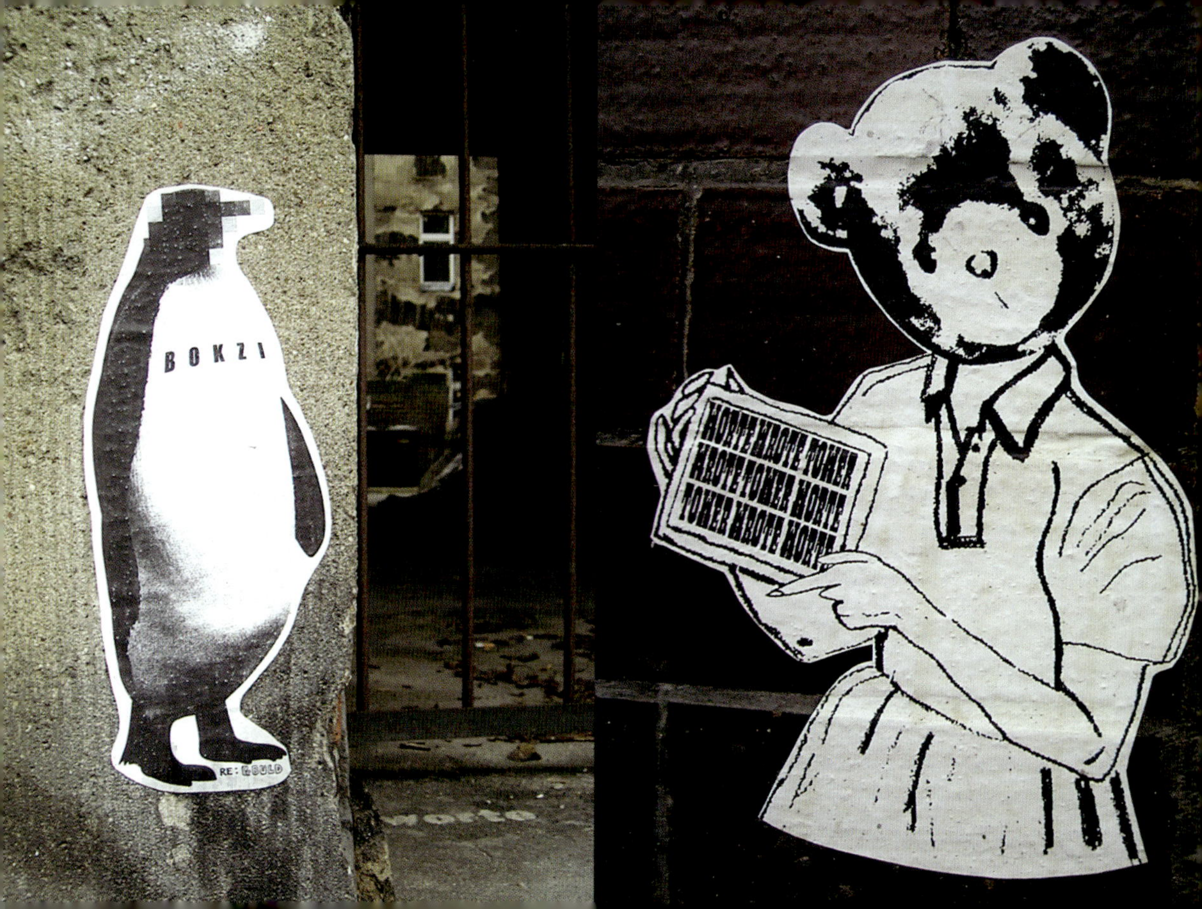
BOKZI
RE: BUILD
NORTE NROTE TOWER
NROTE TOWER NORTE
TOWER NROTE NORTE

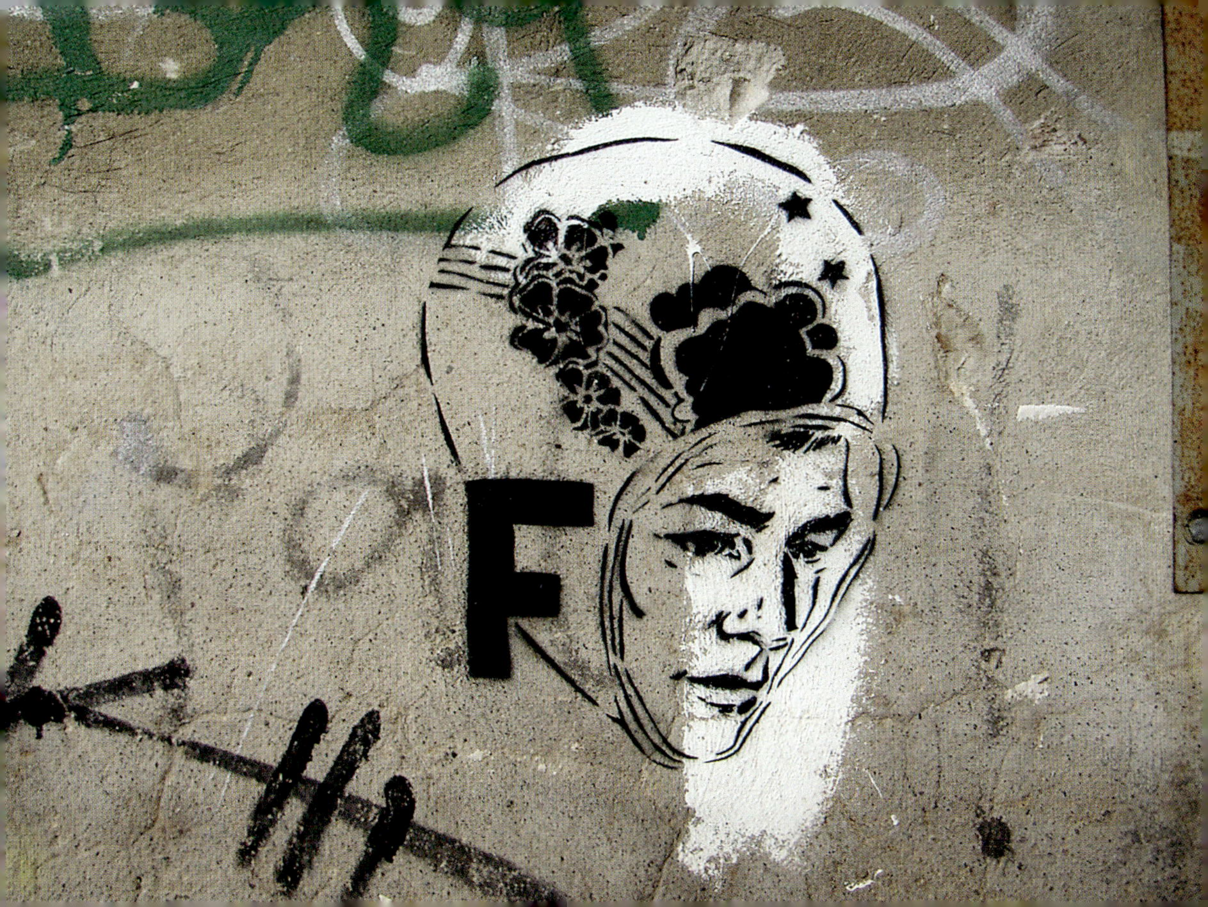

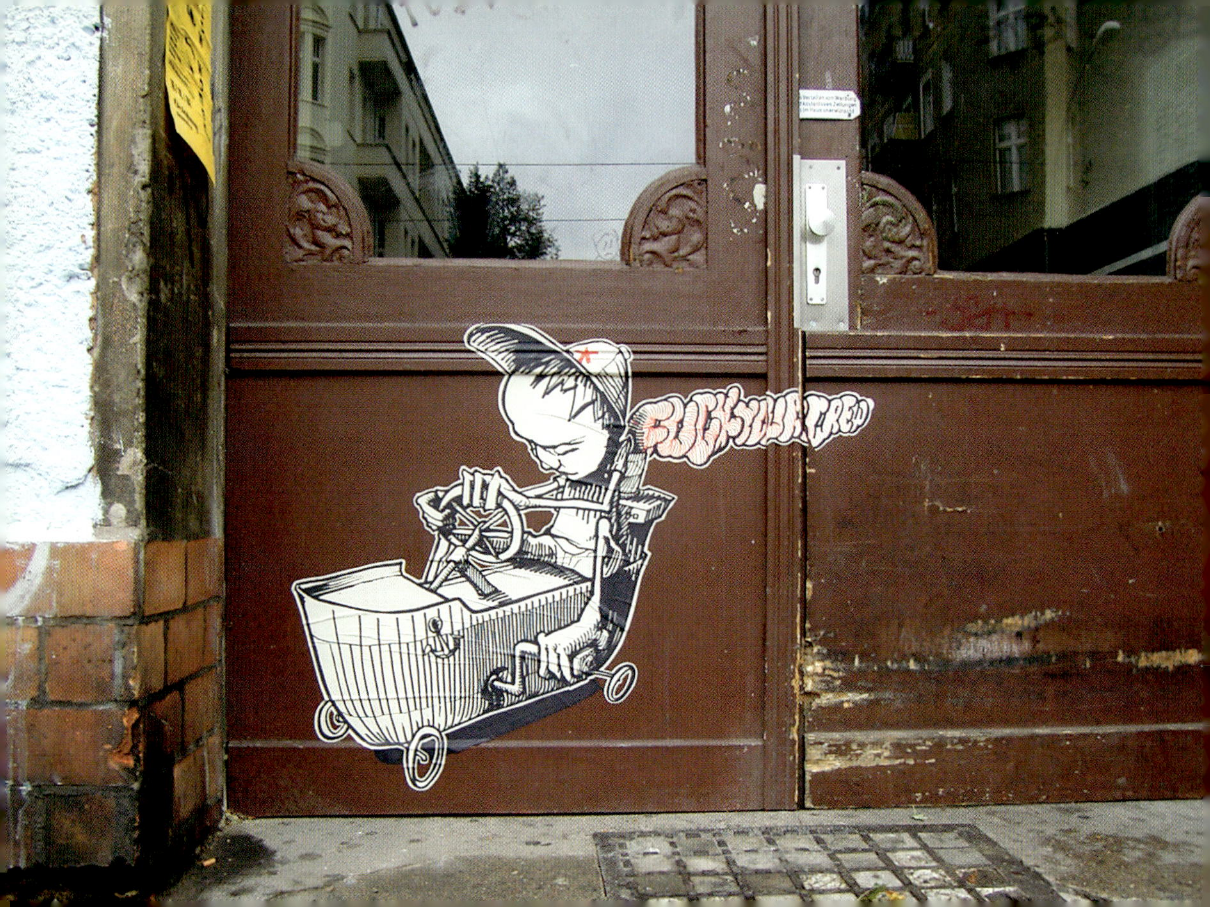

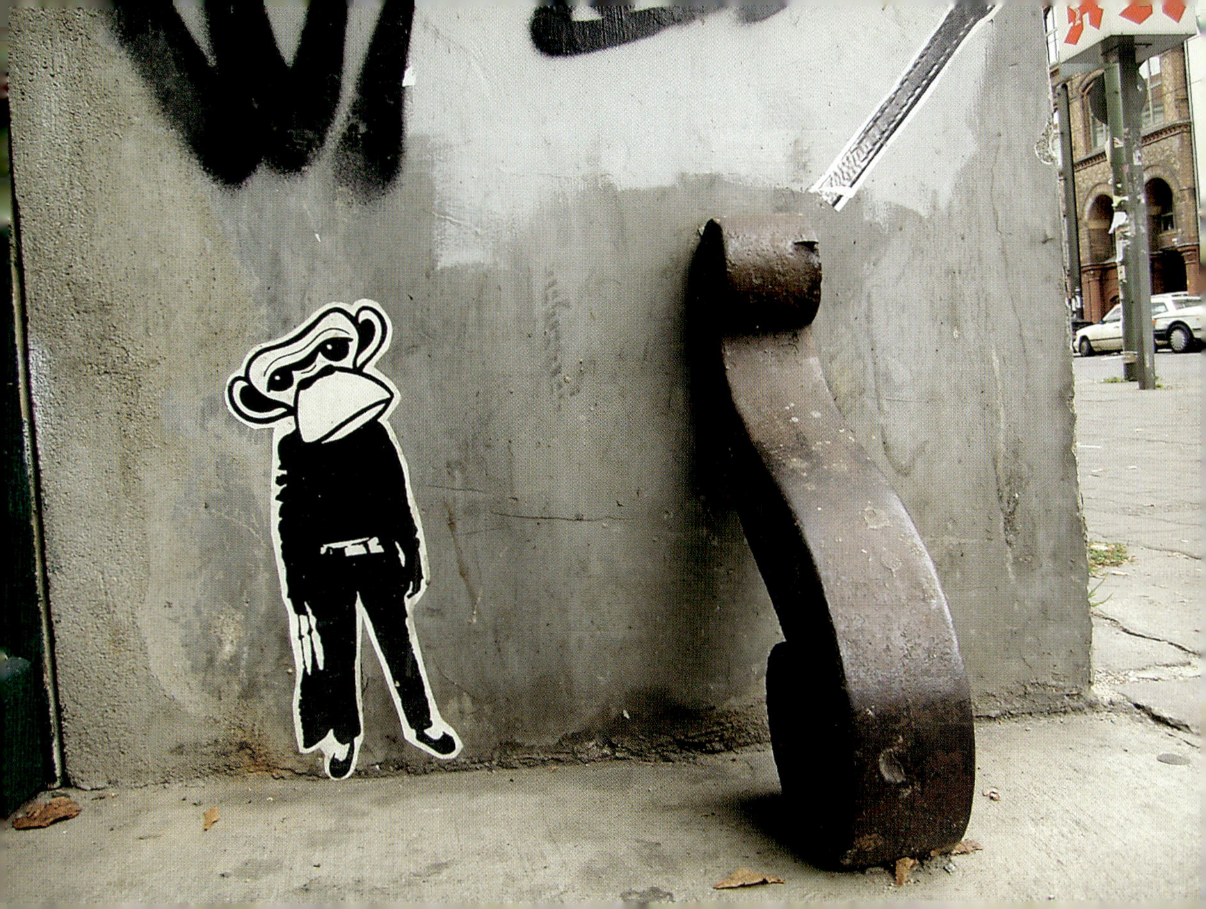

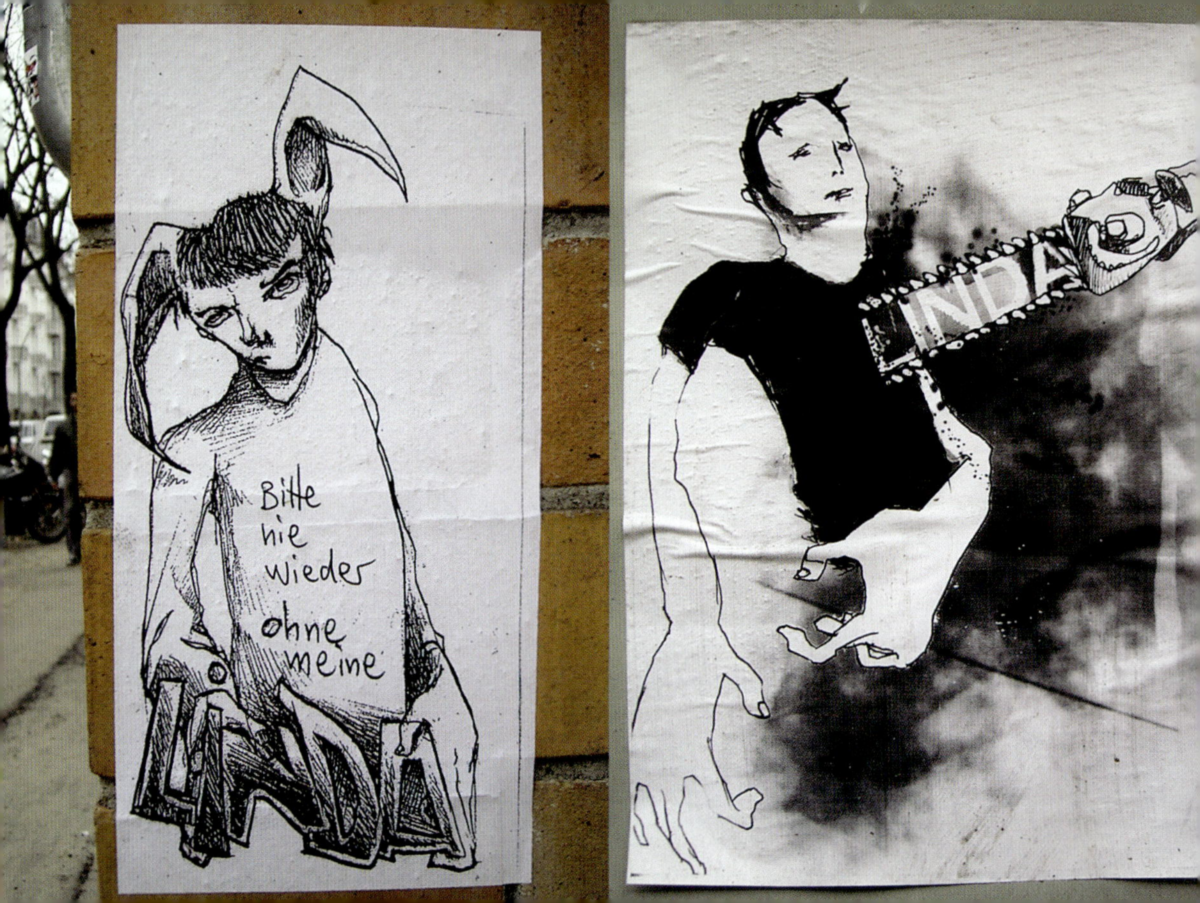
Bitte
hie
wieder

ohne
meine

NDA

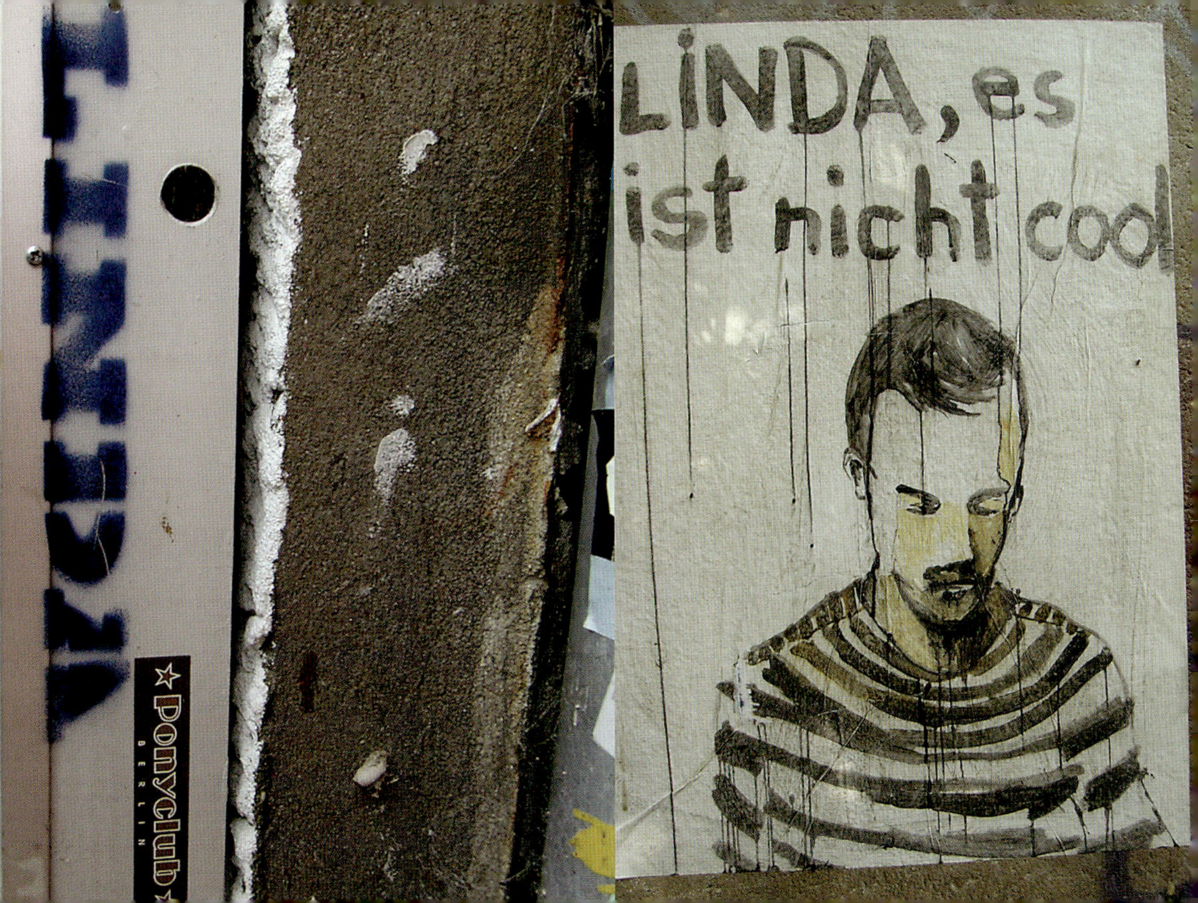

LINDA, es
ist nicht cool
Ponyclub
BERLIN

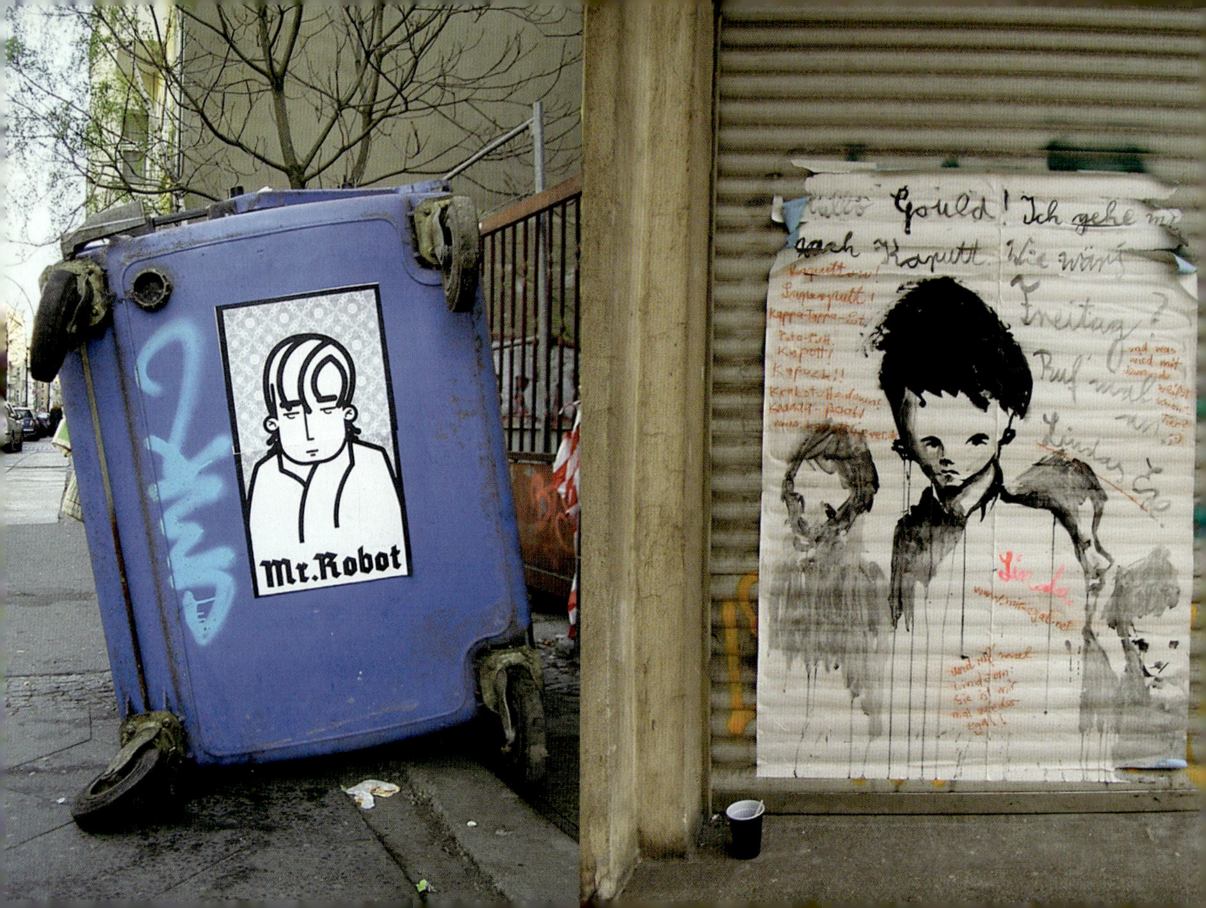
Mr.Robot

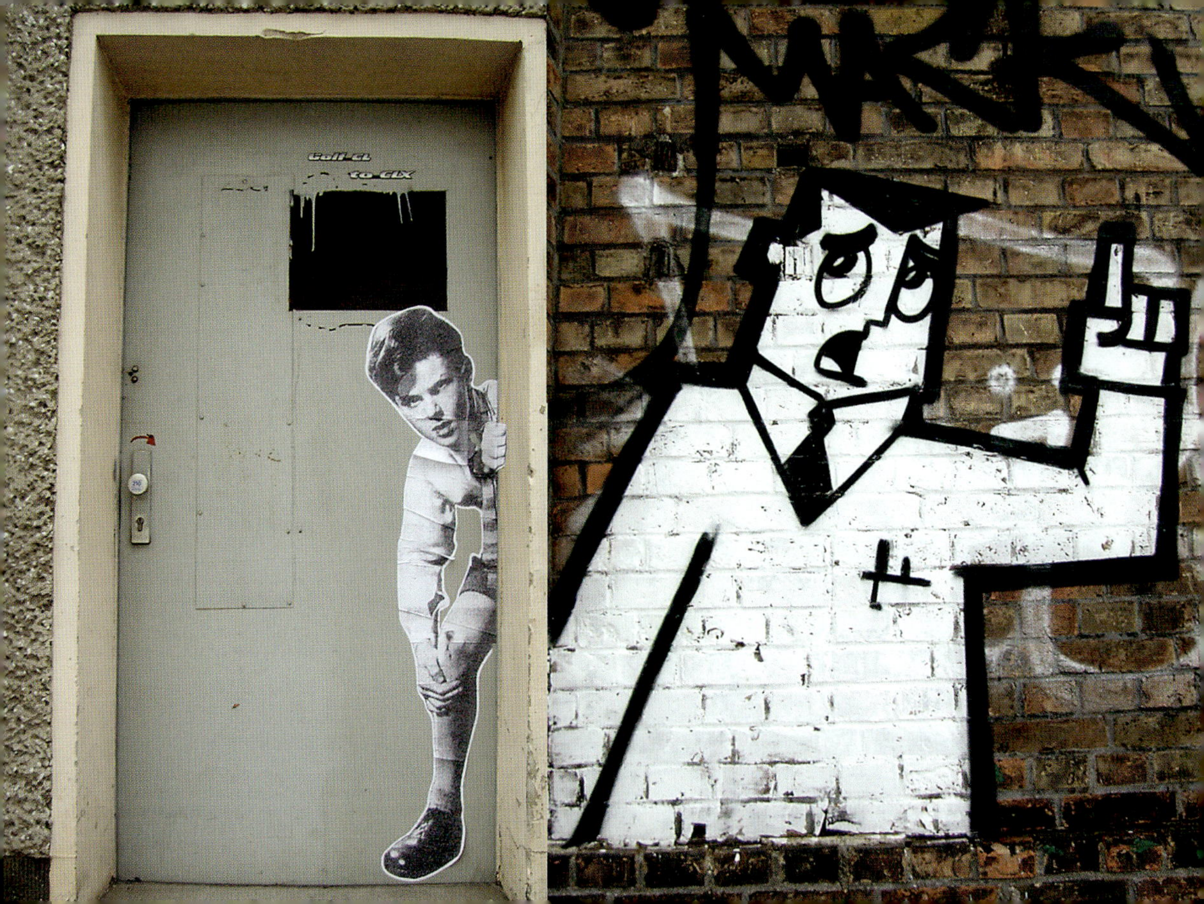
Golf CL
to GLX
MARK

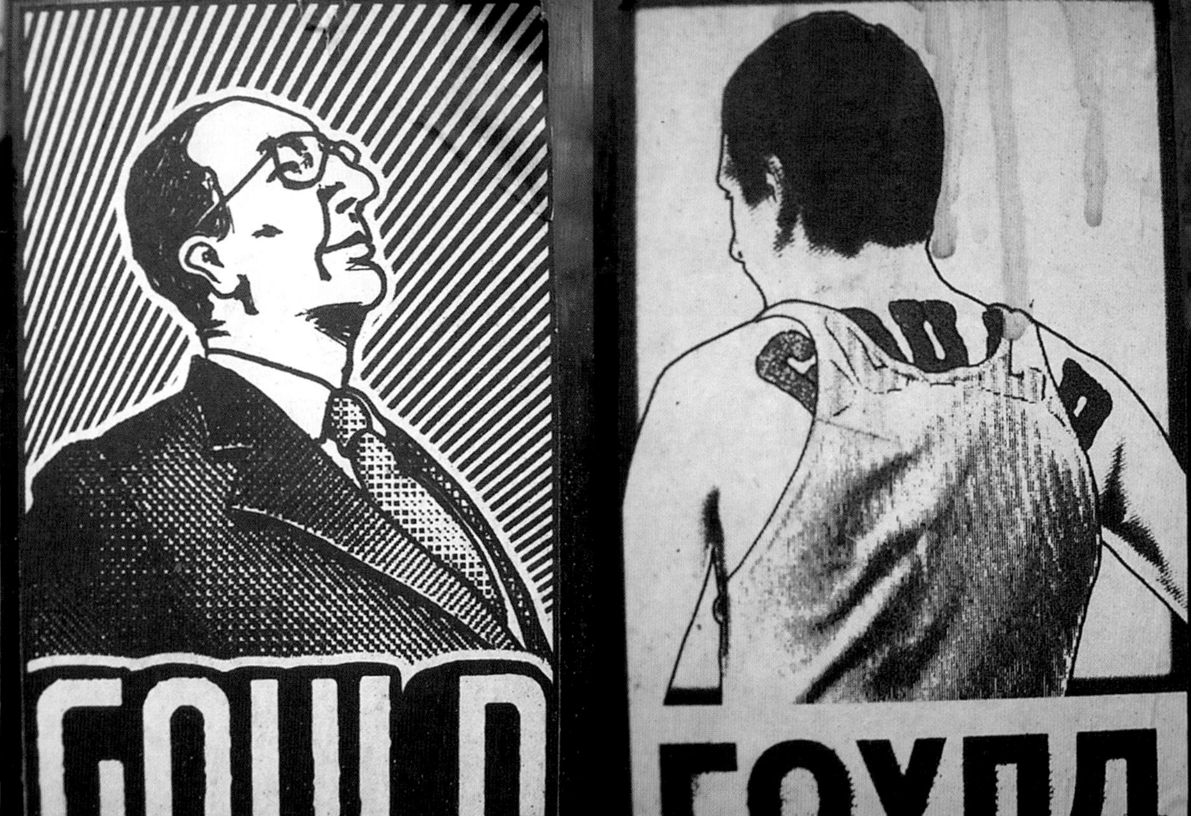
GOULD
ГОУЛД

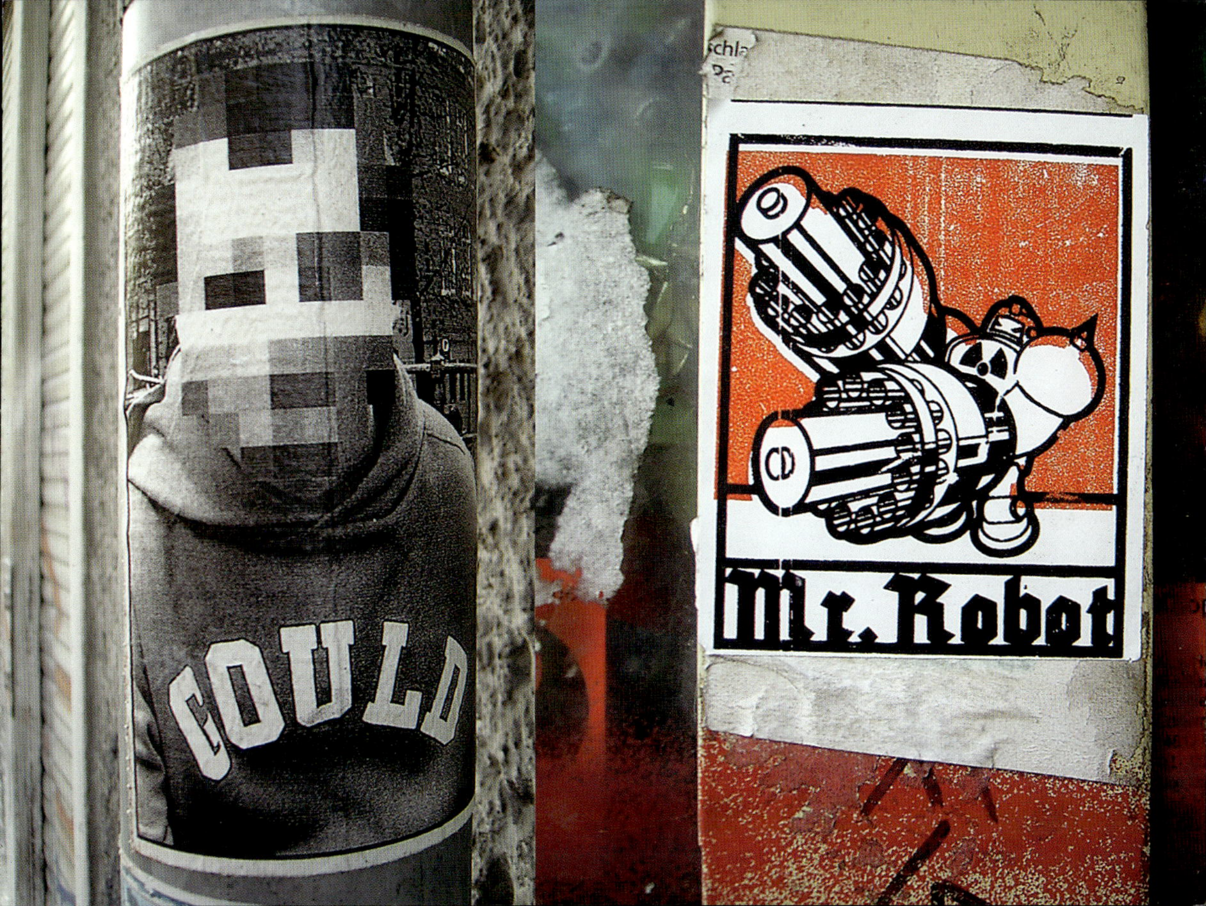
COULD
Mr. Robot
CD

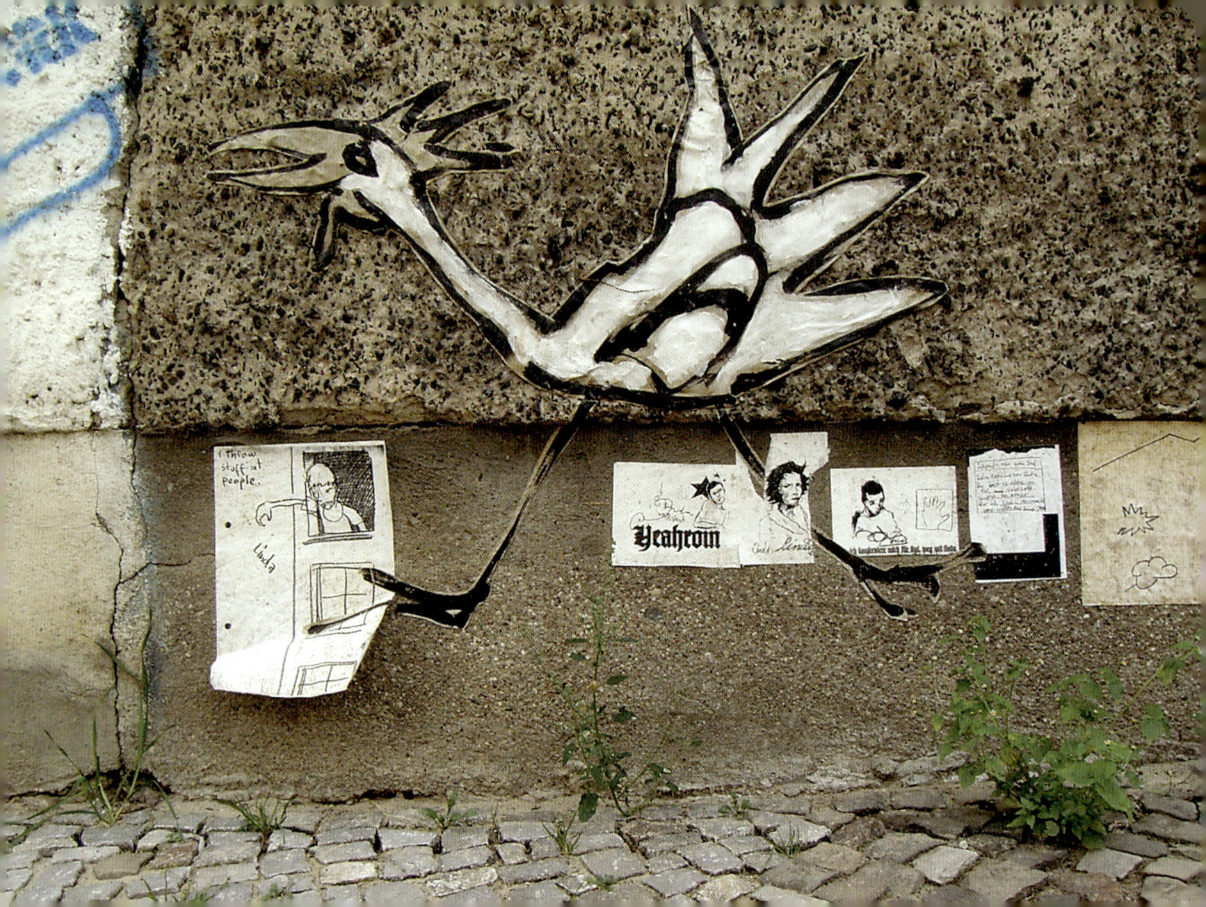
I throw stuff at people.
Linda
Yeahroin

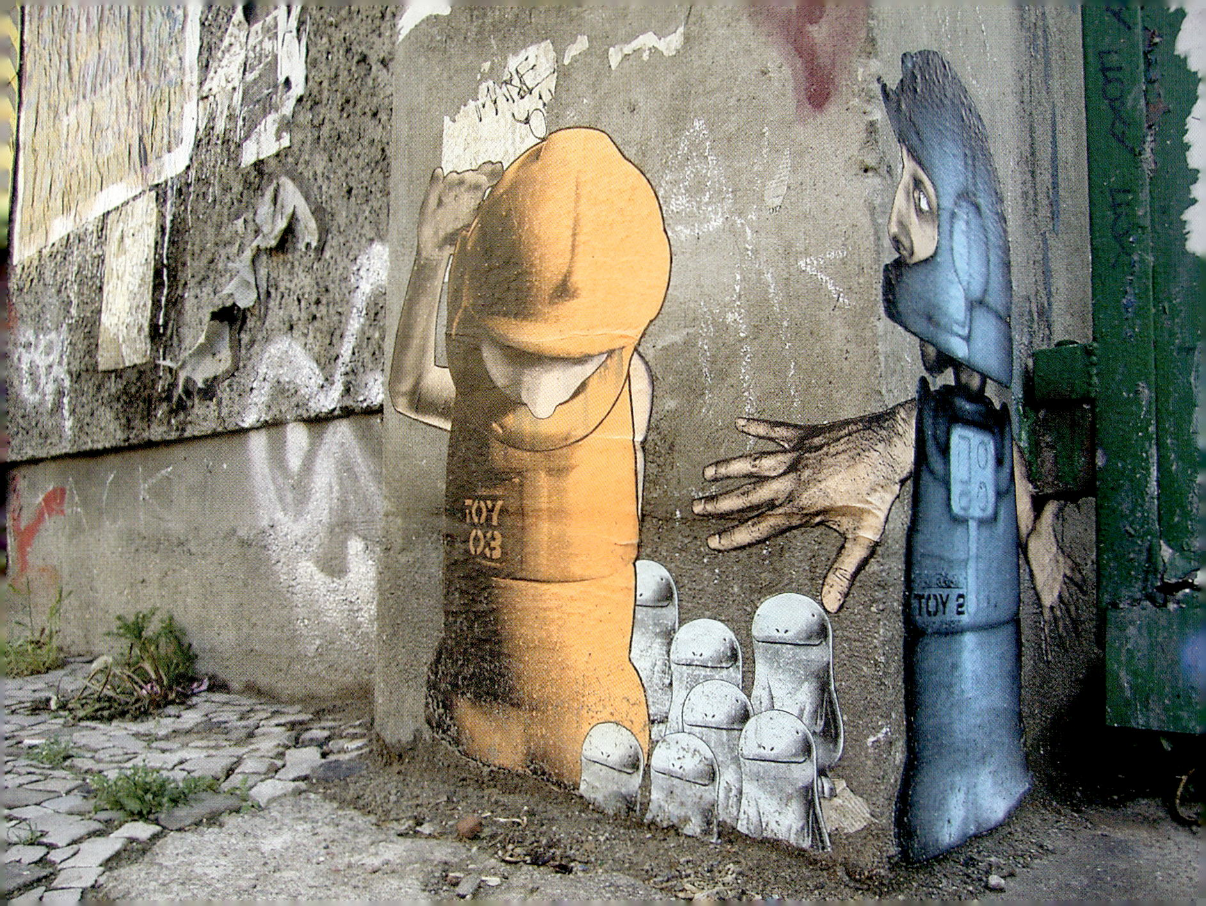
TOY
03
TOY 2

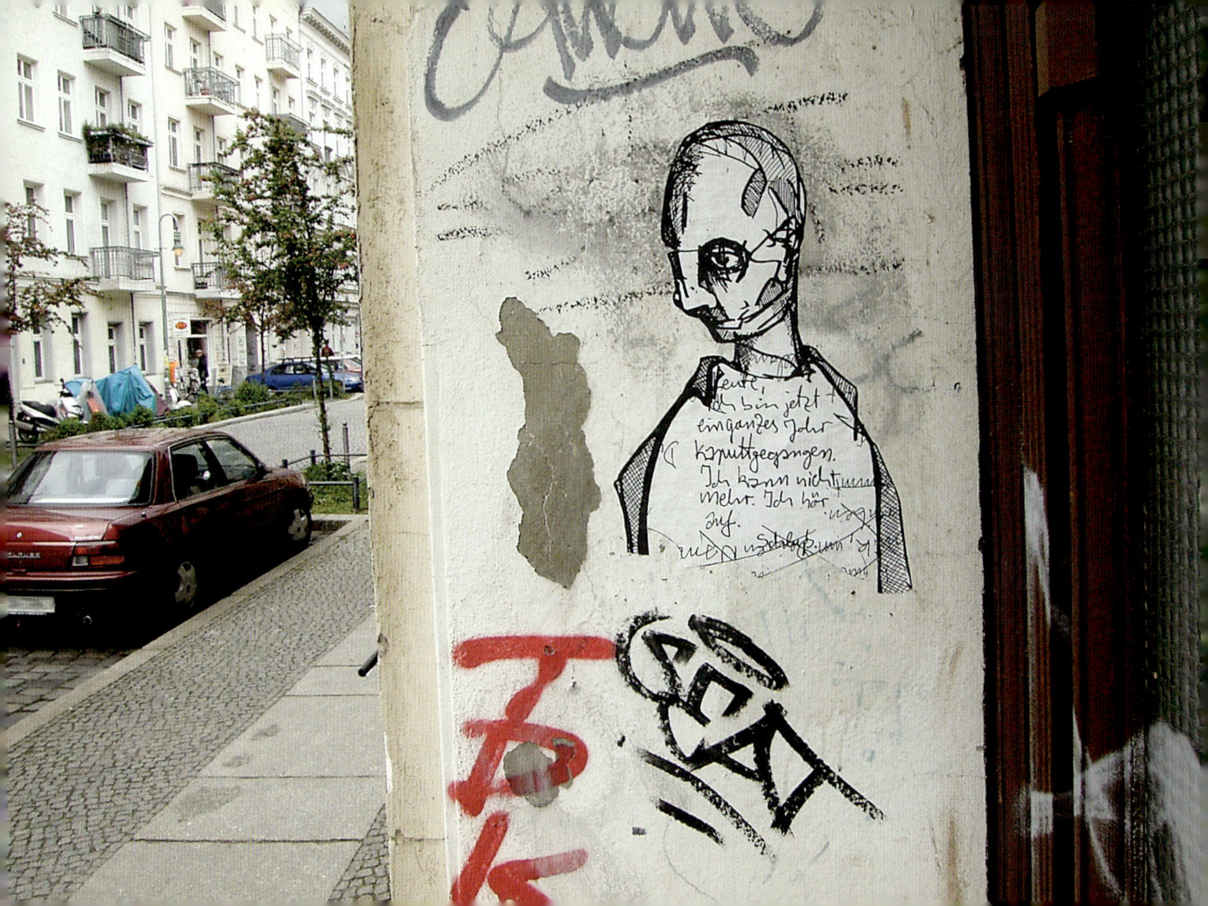

Leute,
Ich bin jetzt
ein ganzes Jahr
kaputtgegangen.
Ich kann nicht
mehr. Ich hör
auf.

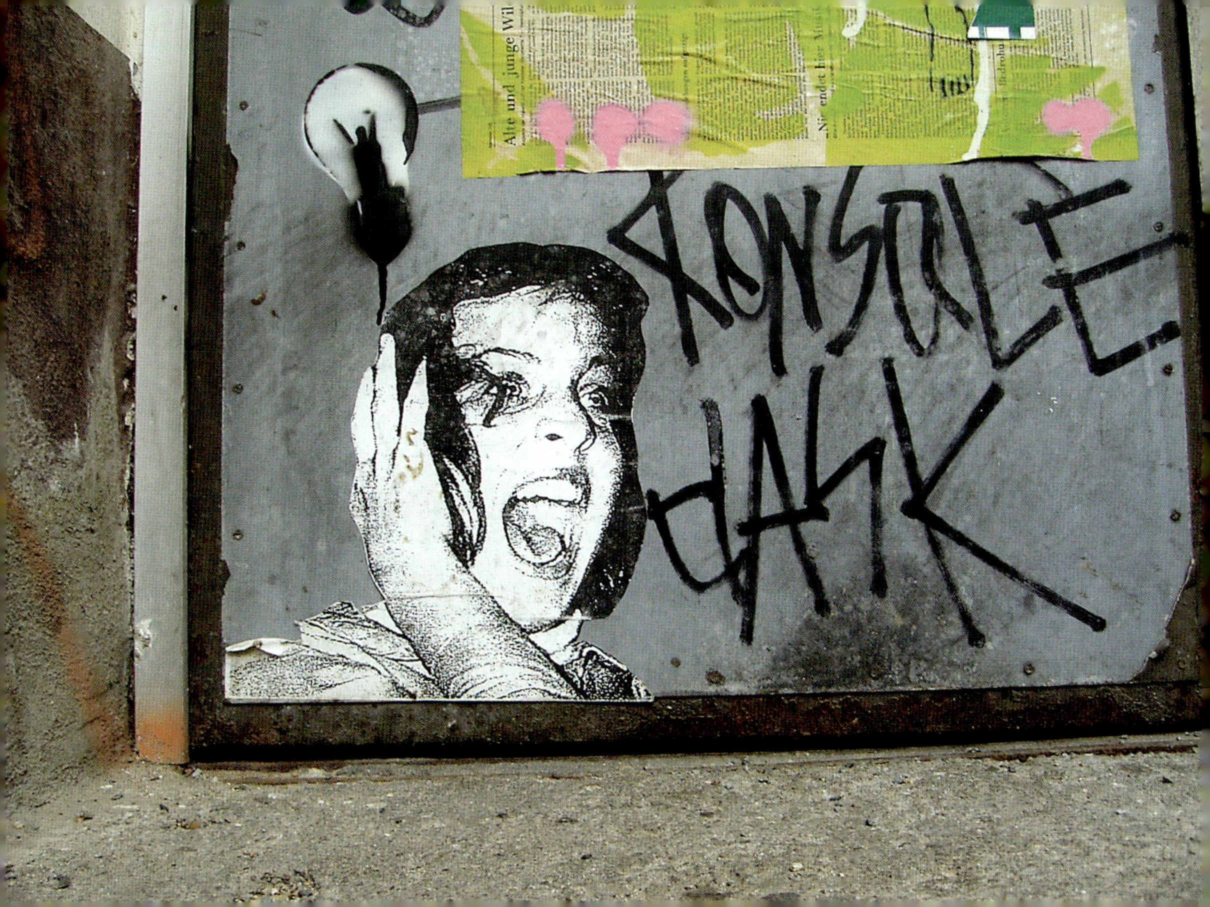

Alte und junge Wil
Nirgendet hier Musi
KONSOLE
JATK

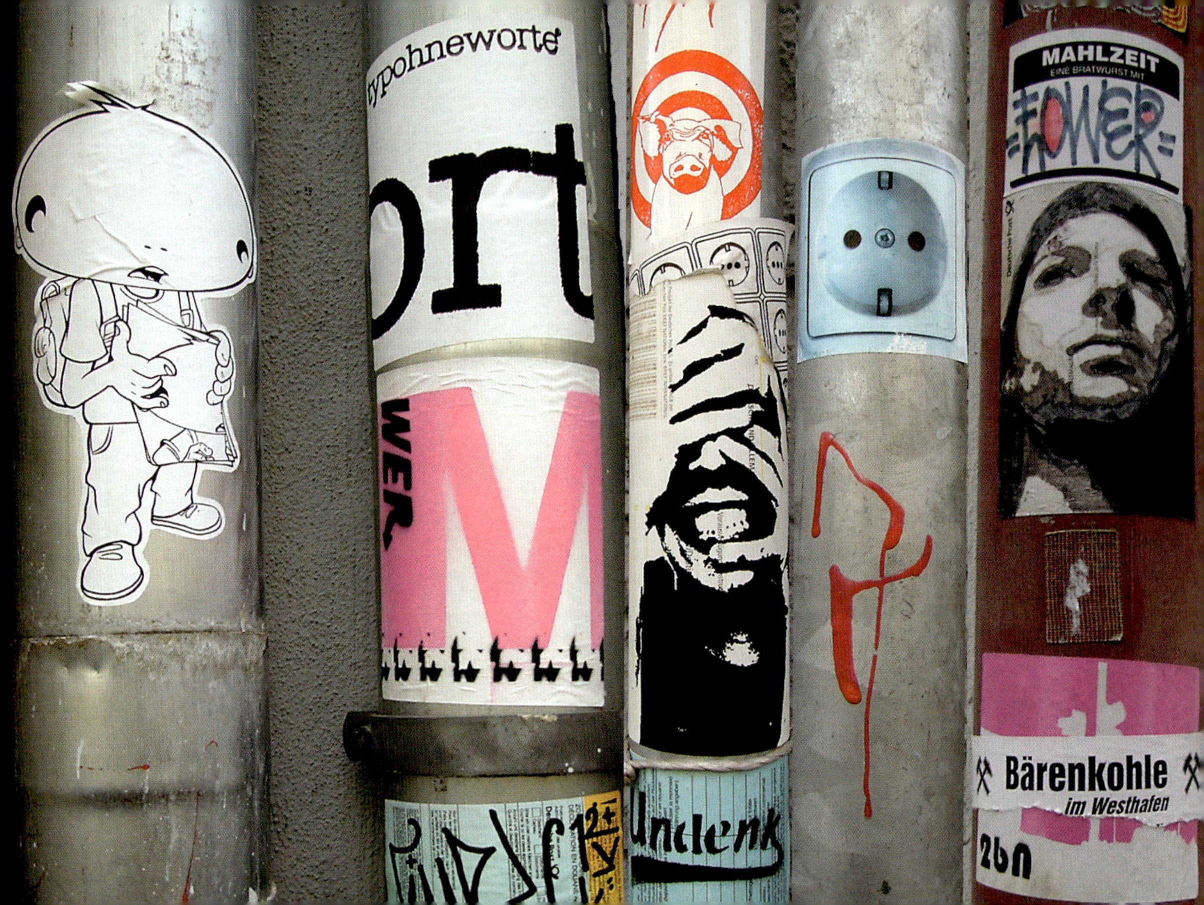
typohneworte
ort
WER
WER
M
MAHLZEIT
EINE BRATWURST MIT
POWER
Unclenk
Bärenkohle
im Westhafen
26n

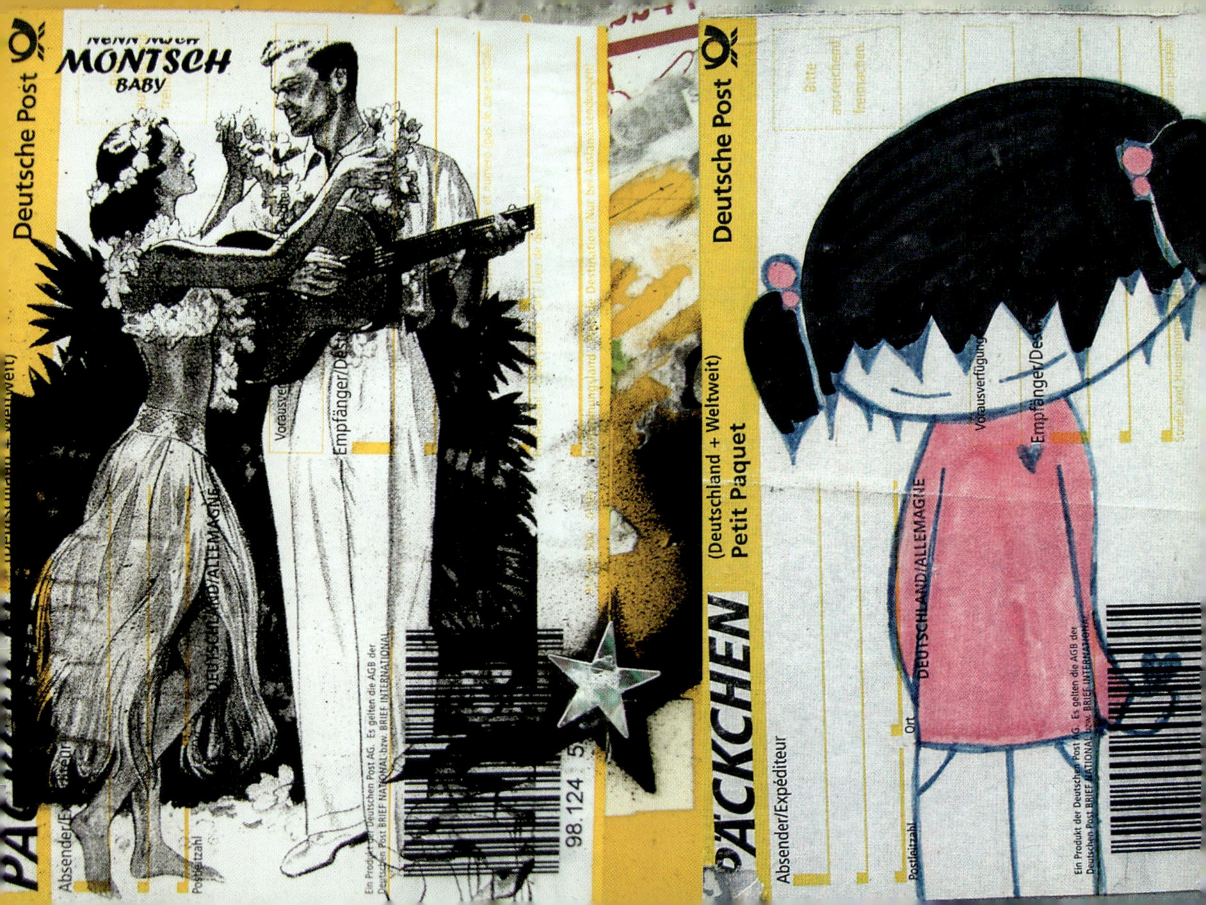

MONTSCH
BABY
Deutsche Post
Empfänger/Dest
DEUTSCHLAND/ALLEMAGNE
Absender/E
Postleitzahl
Ein Produkt der Deutschen Post AG. Es gelten die AGB der
Deutschen Post BRIEF NATIONAL bzw. BRIEF INTERNATIONAL
98.124 5
Deutsche Post
PÄCKCHEN
(Deutschland + Weltweit)
Petit Paquet
Absender/Expéditeur
Ort
Postleitzahl
Empfänger/Dest
DEUTSCHLAND/ALLEMAGNE
Vorausverfügung
Bitte
zurückchend
freimachen
Ein Produkt der Deutschen Post AG. Es gelten die AGB der
Deutschen Post BRIEF NATIONAL bzw. BRIEF INTERNATIONAL

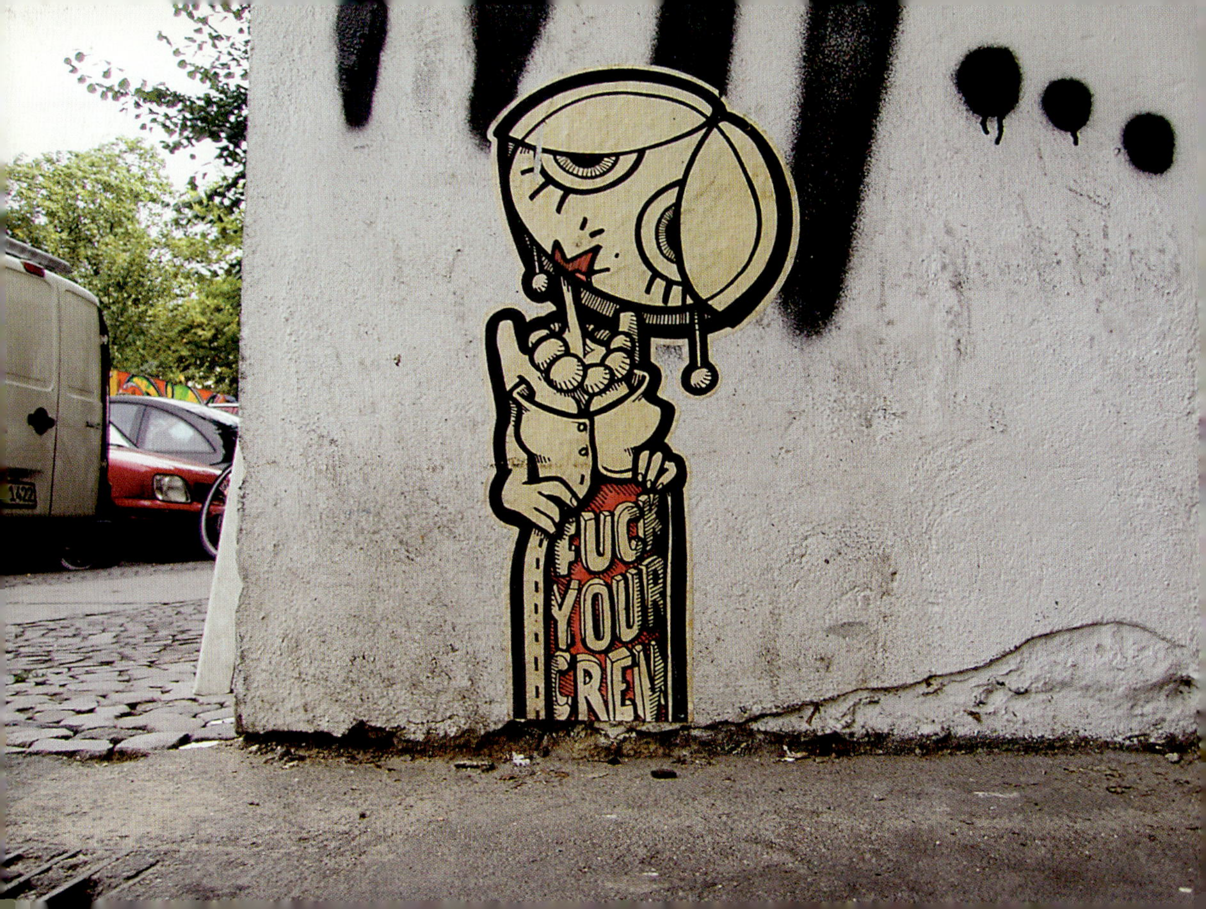
FUCK
YOUR
CREW

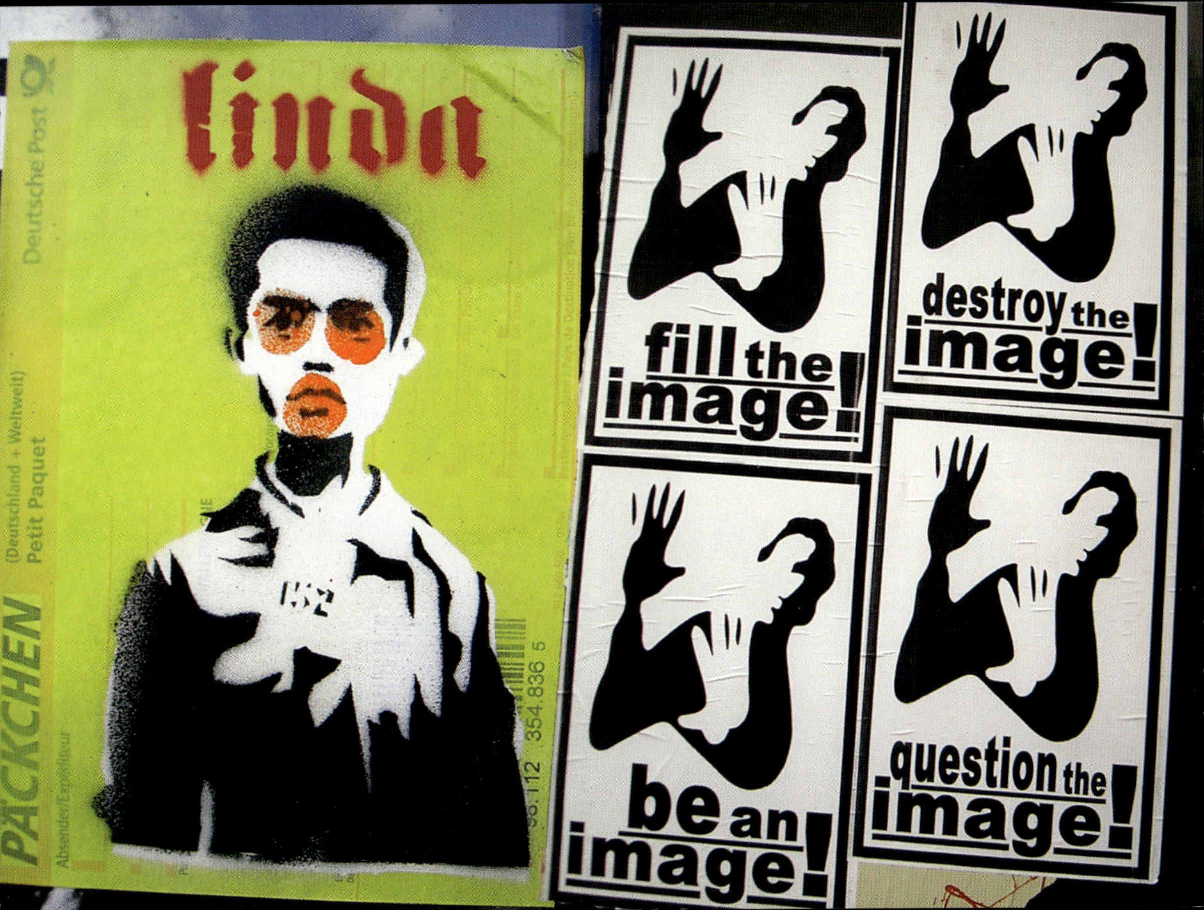

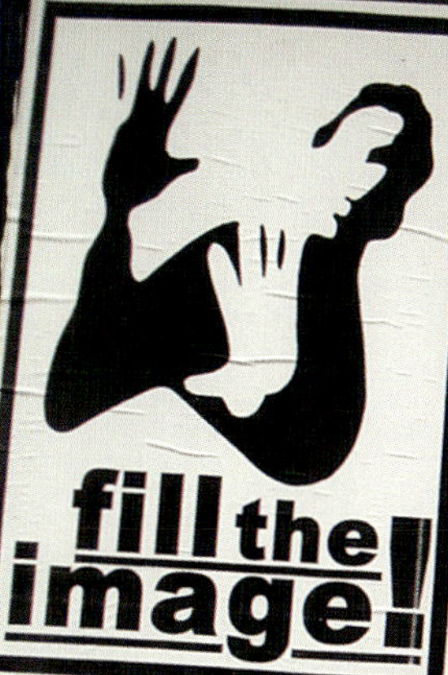

fill the
image!

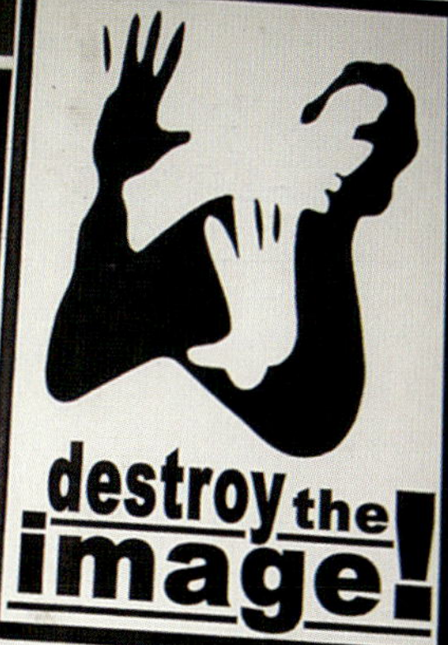

destroy the
image!

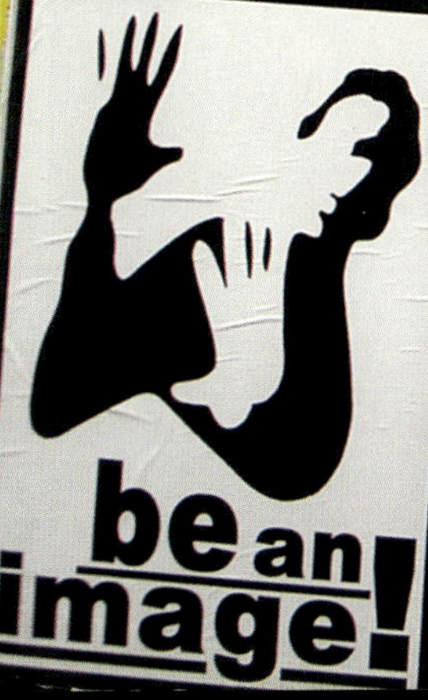

be an
image!

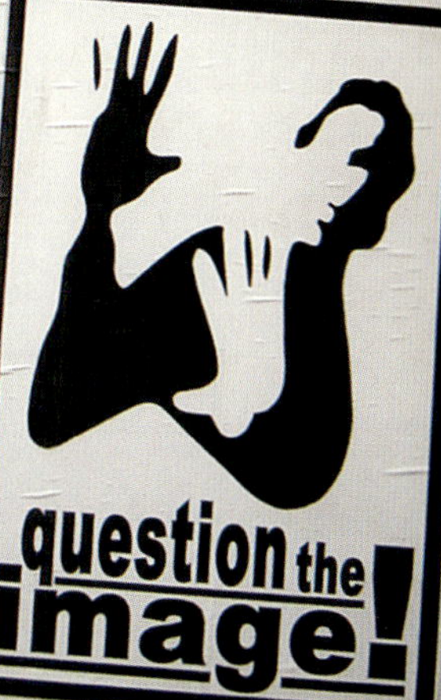

question the
image!

linda
Deutsche Post
(Deutschland + Weltweit)
Petit Paquet
PÄCKCHEN
Absender/Expéditeur
112   354 836 5

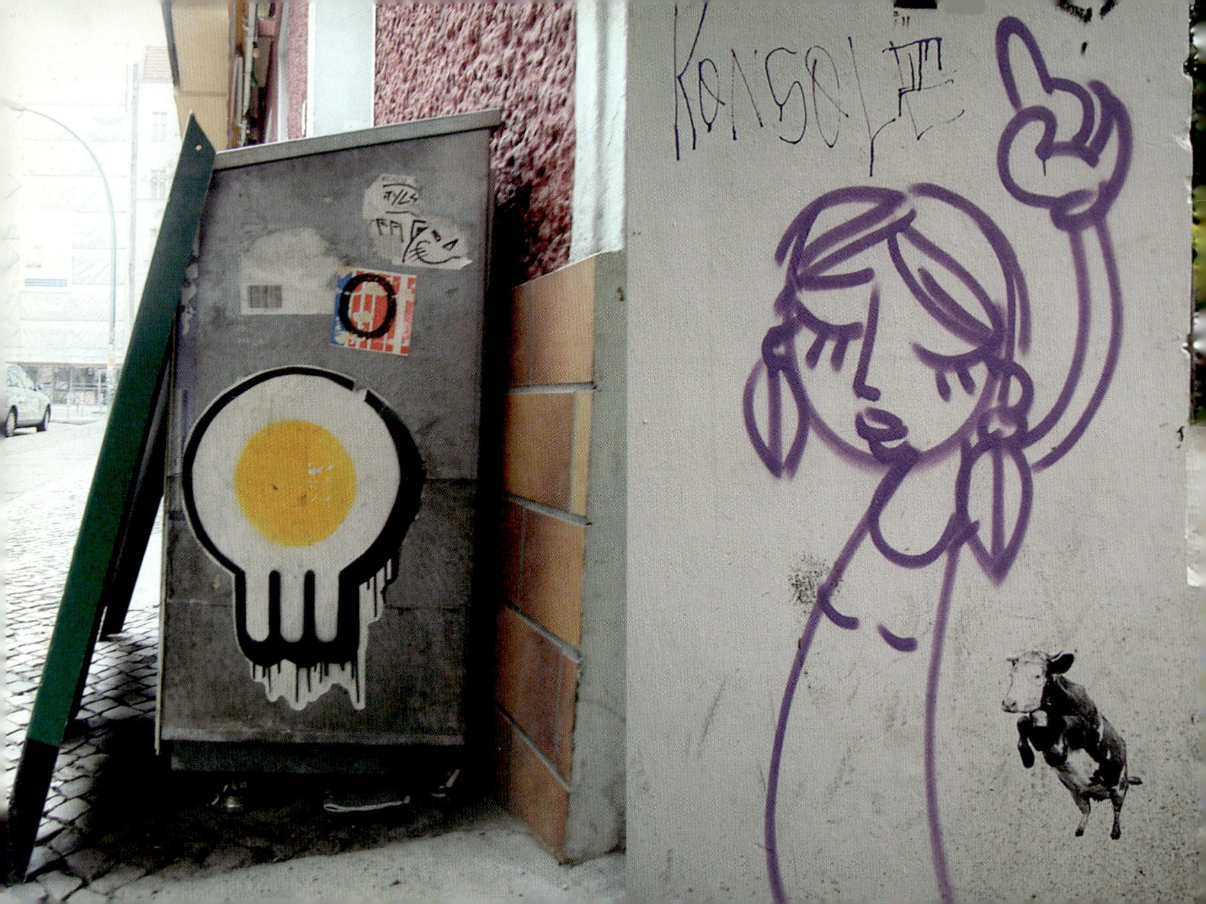

KONSOLE

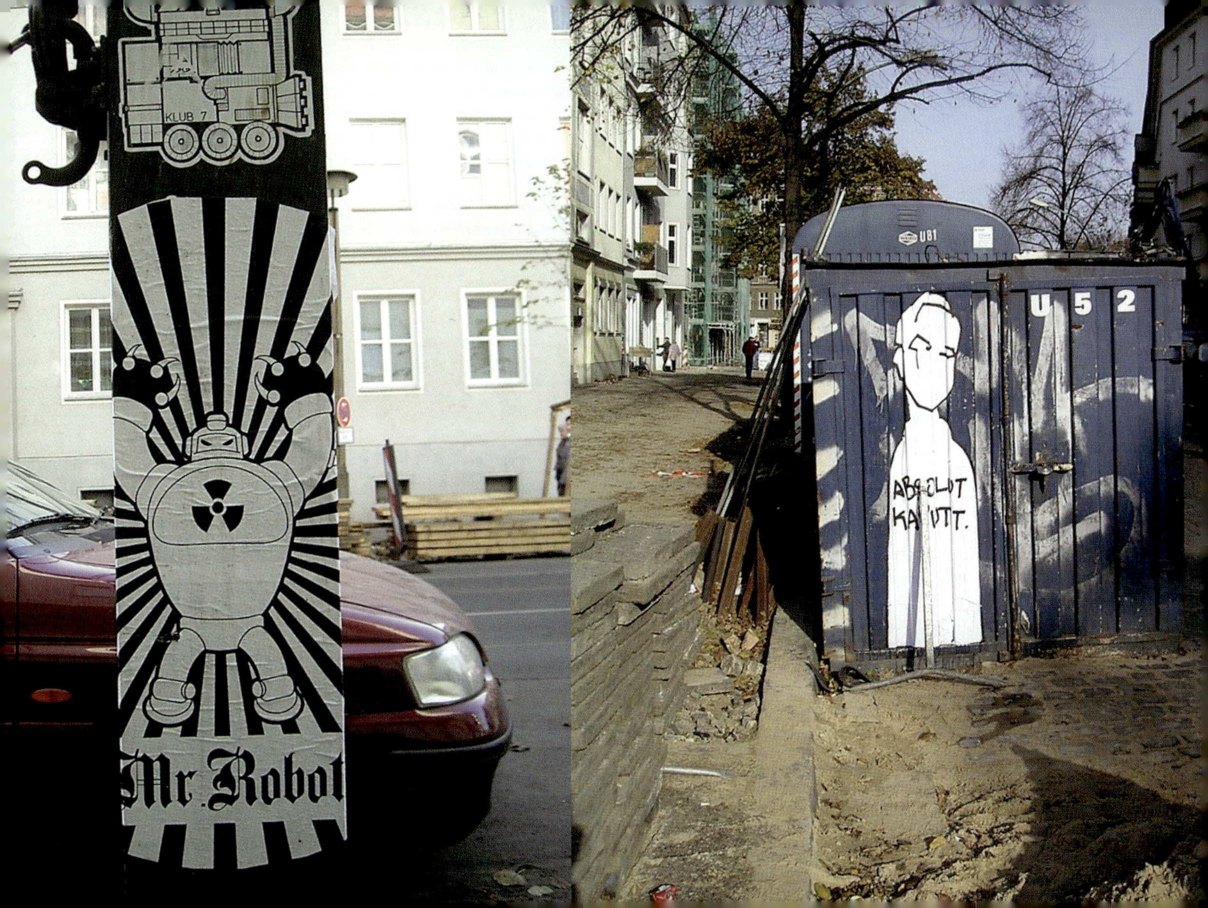

KLUB 7
Mr.Robot
ABSOLUT
KAPUTT.
U52

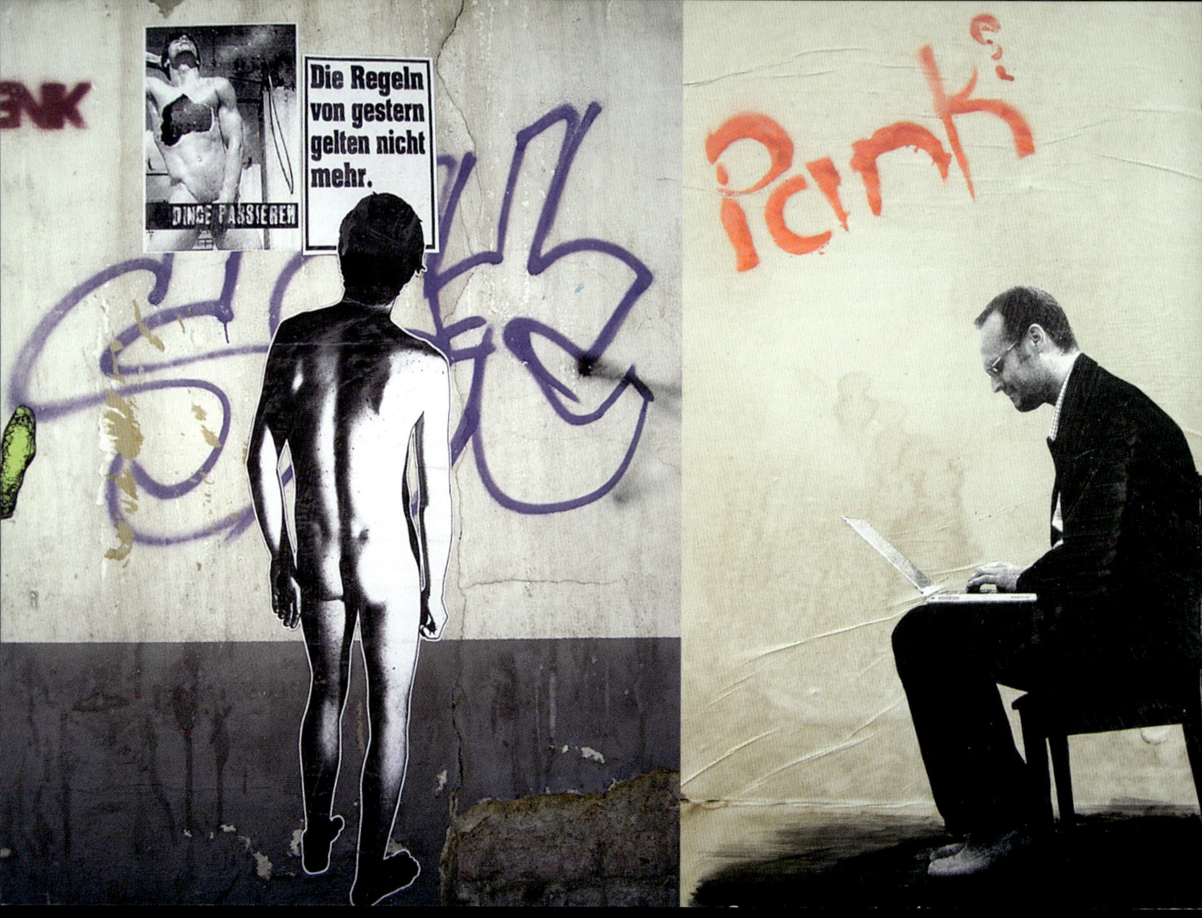
ENK
Die Regeln
von gestern
gelten nicht
mehr.
DINGE PASSIEREN
Punk

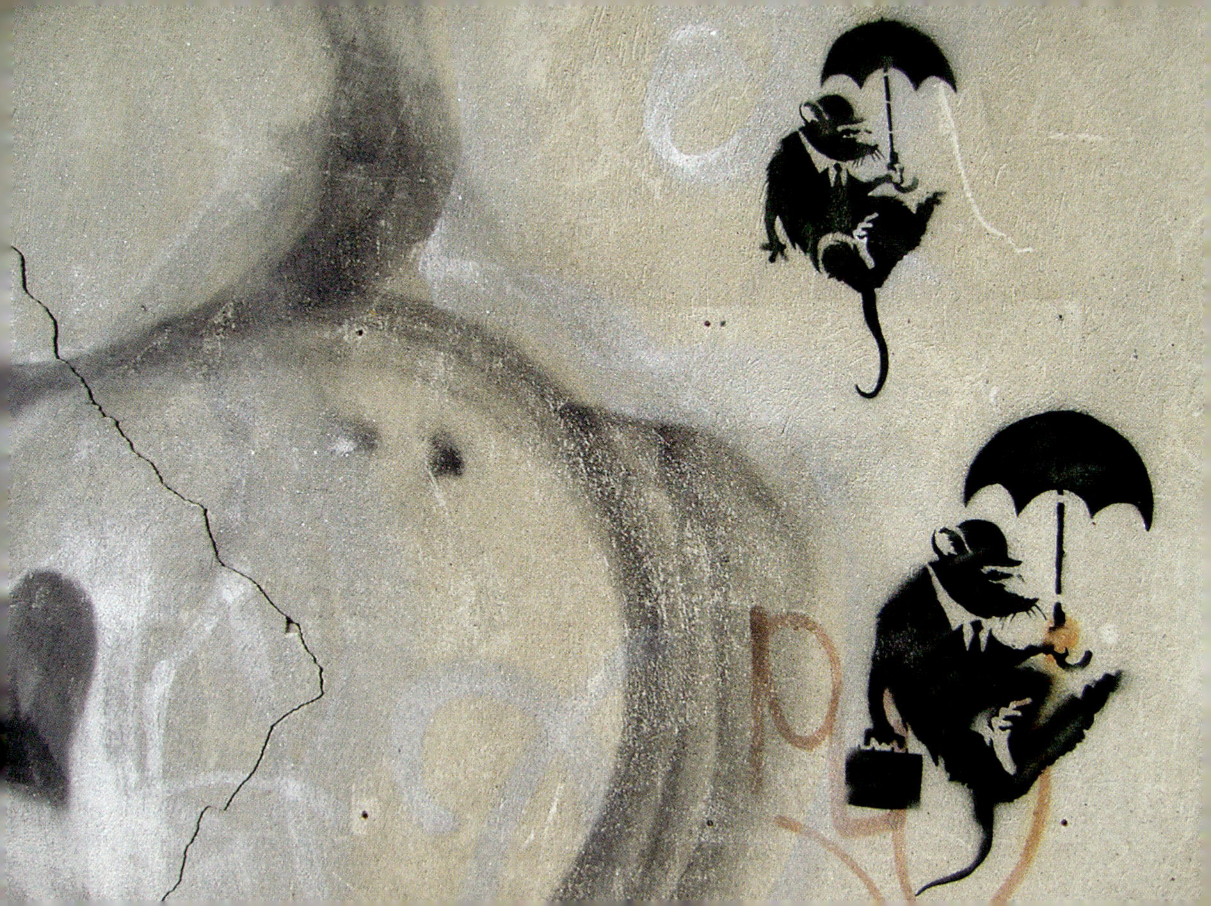

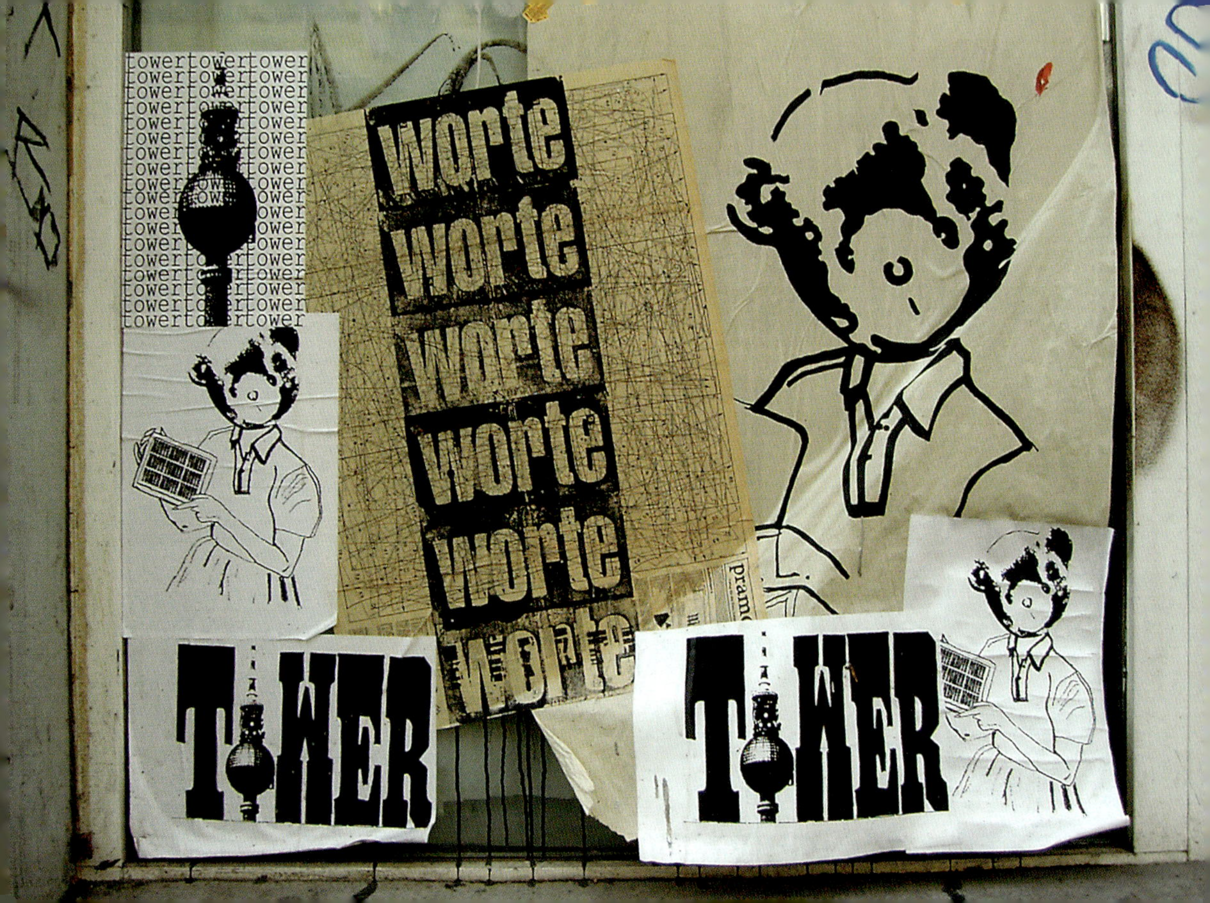

worte
worte
worte
worte
worte
worte
TOWER
TOWER

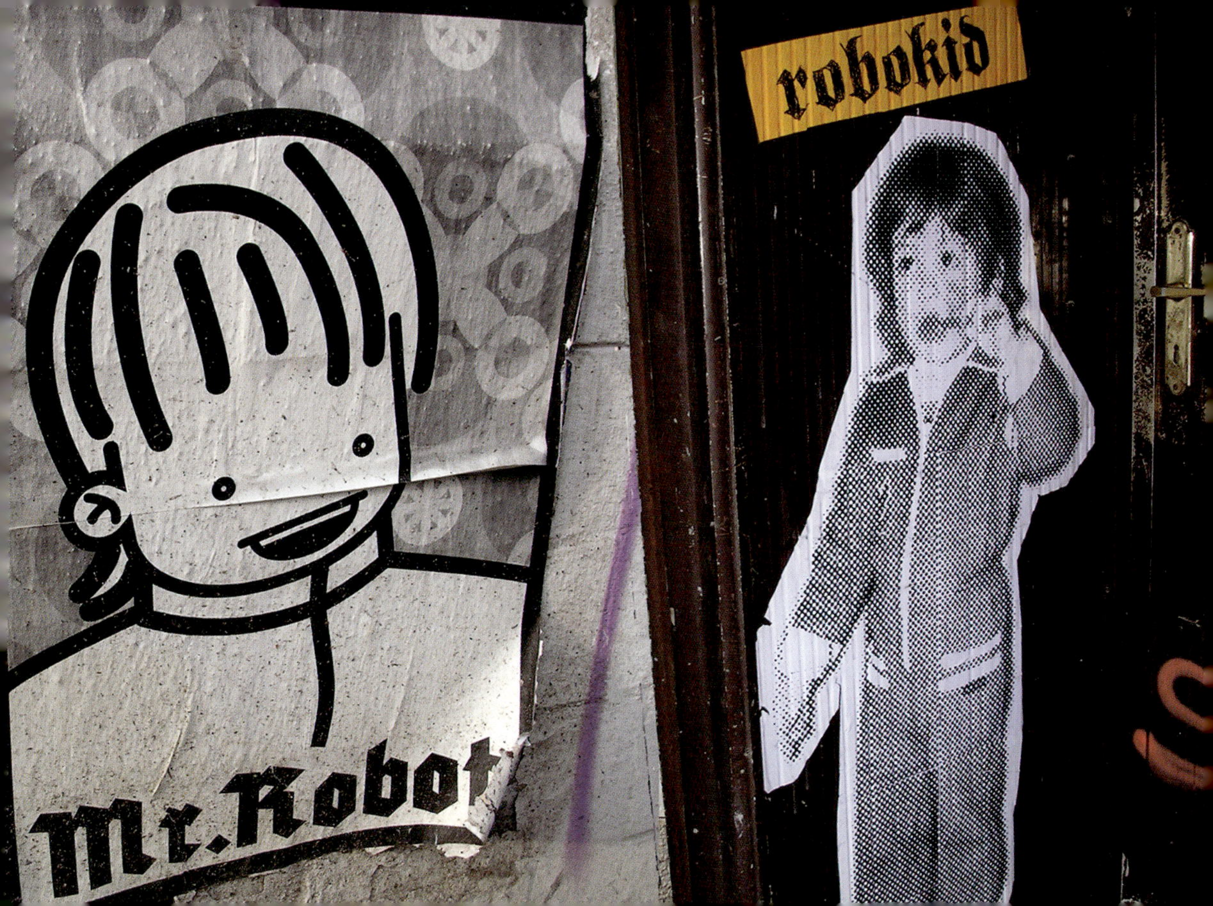

robokid
Mr.Robot

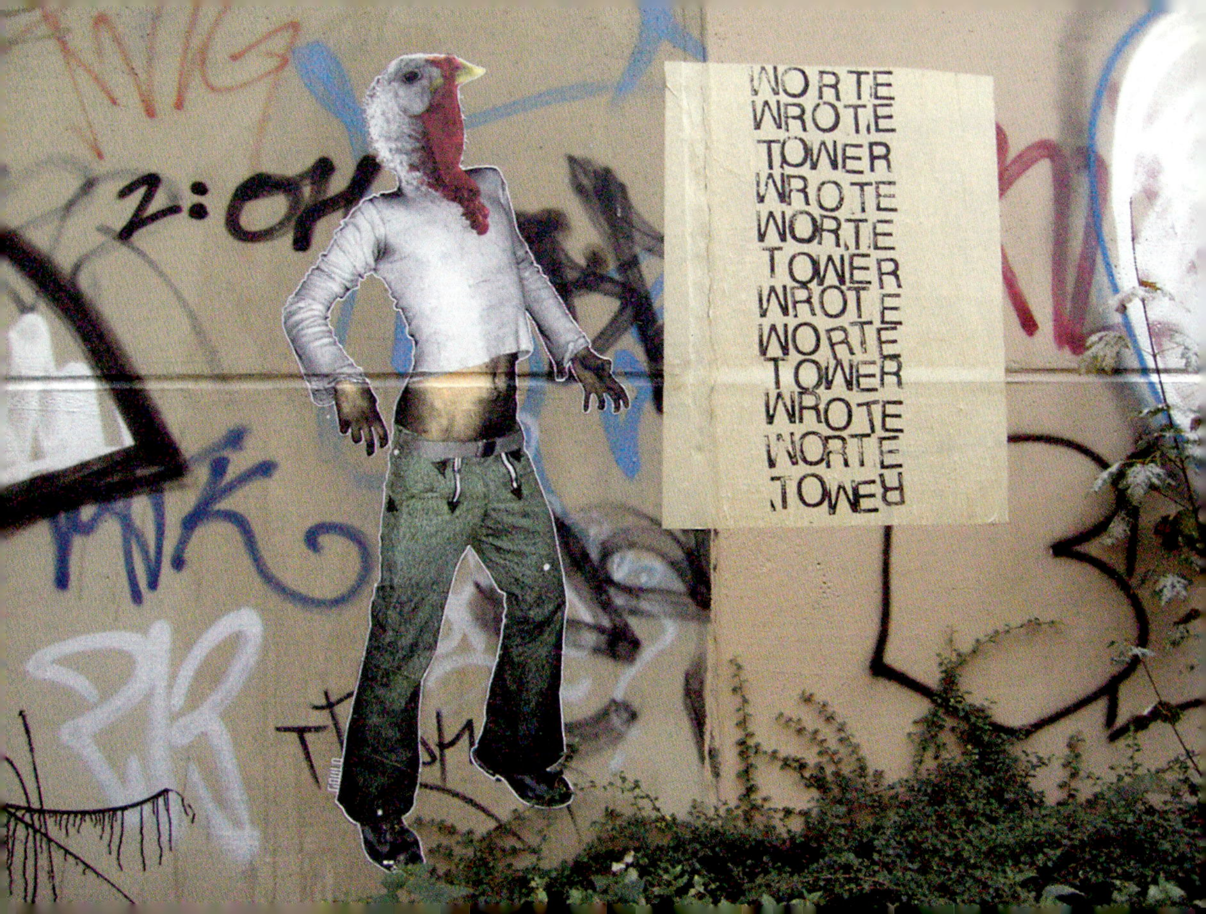

WORTE
WROTE
TOWER
WROTE
WORTE
TOWER
WROTE
WORTE
TOWER
WROTE
WORTE
TOWER

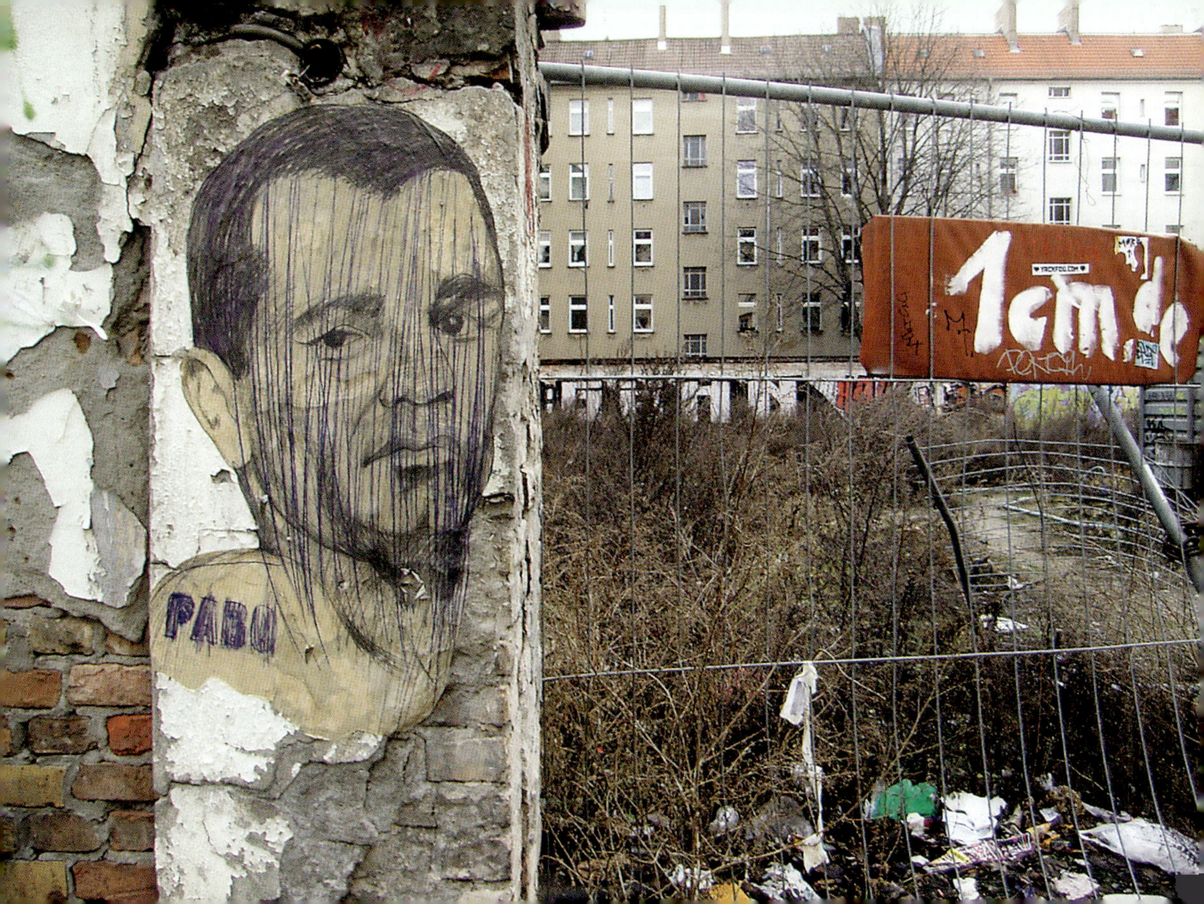

PABO
1cm.de
YRCKFOIL.COM

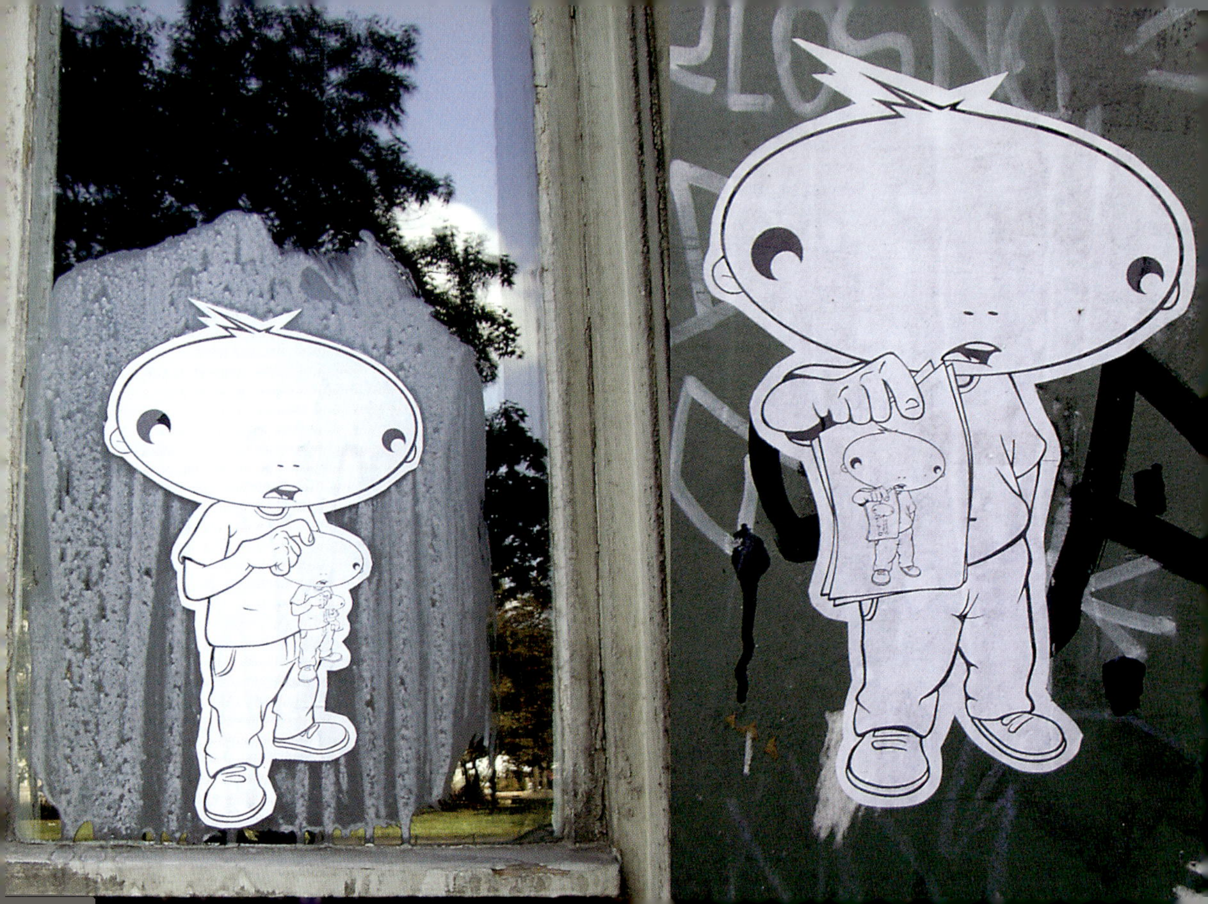

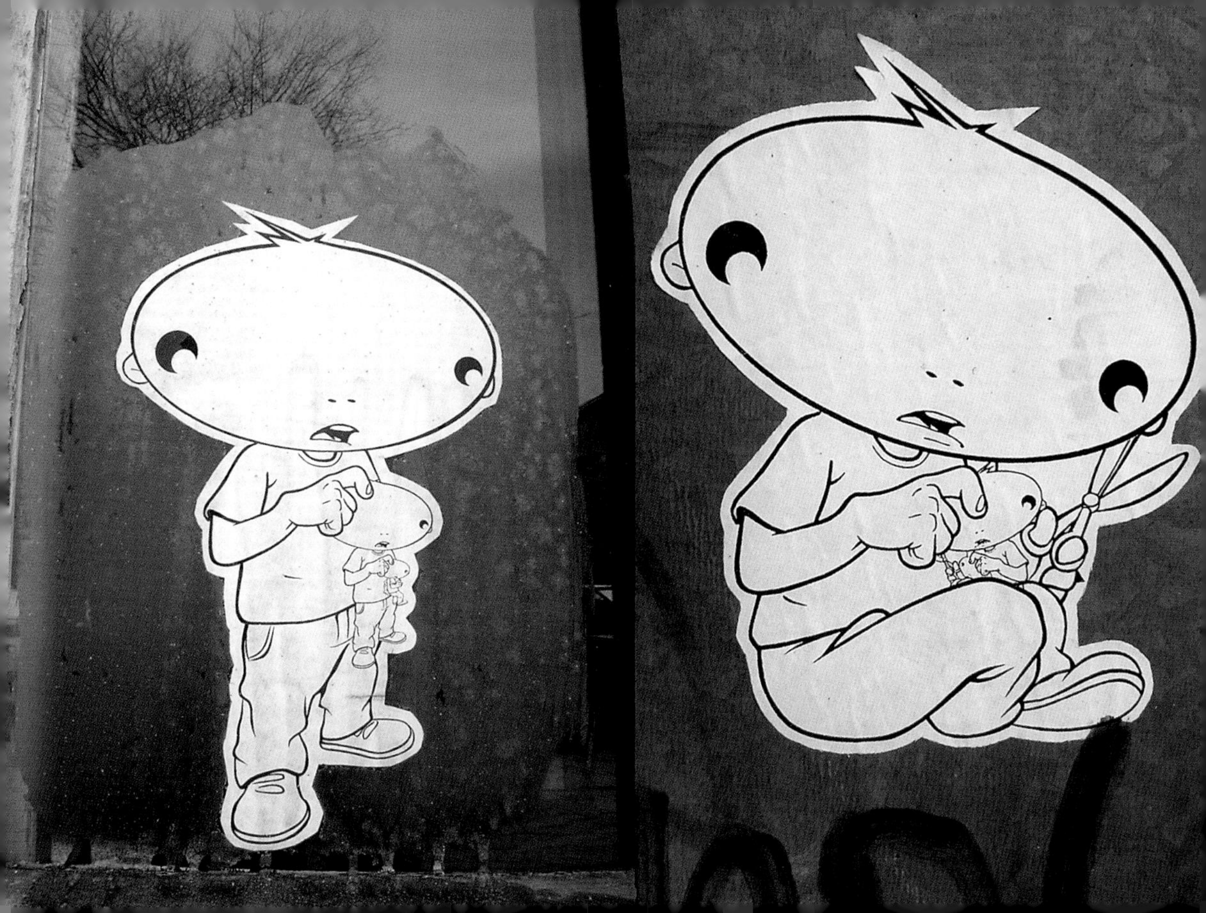

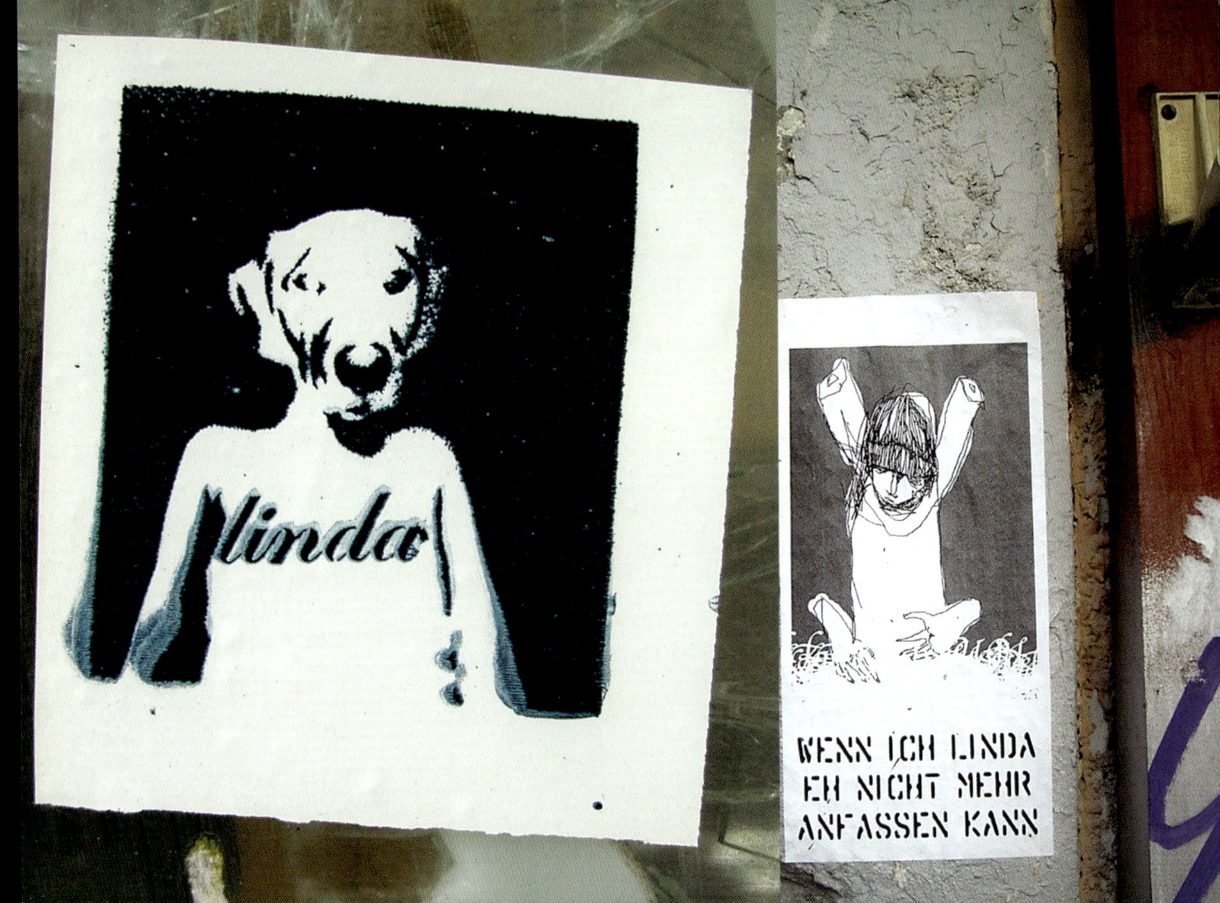
linda
WENN ICH LINDA
EH NICHT MEHR
ANFASSEN KANN

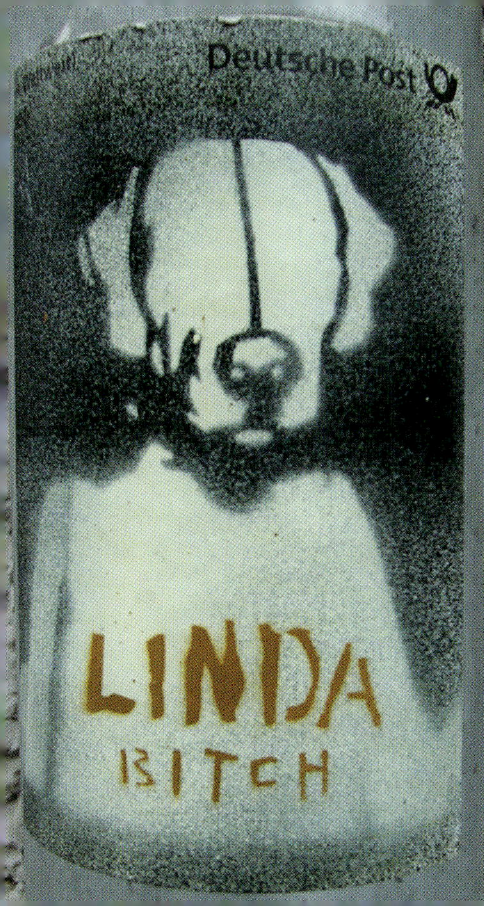

Deutsche Post
LINDA
BITCH

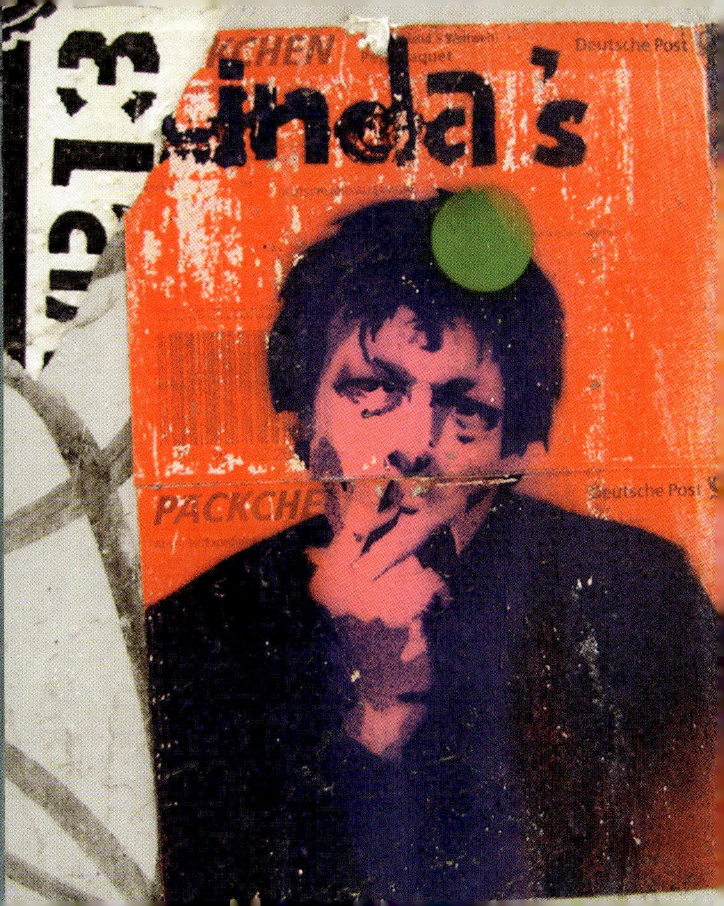

CHEN
inda's
Deutsche Post
13
PACKCHE

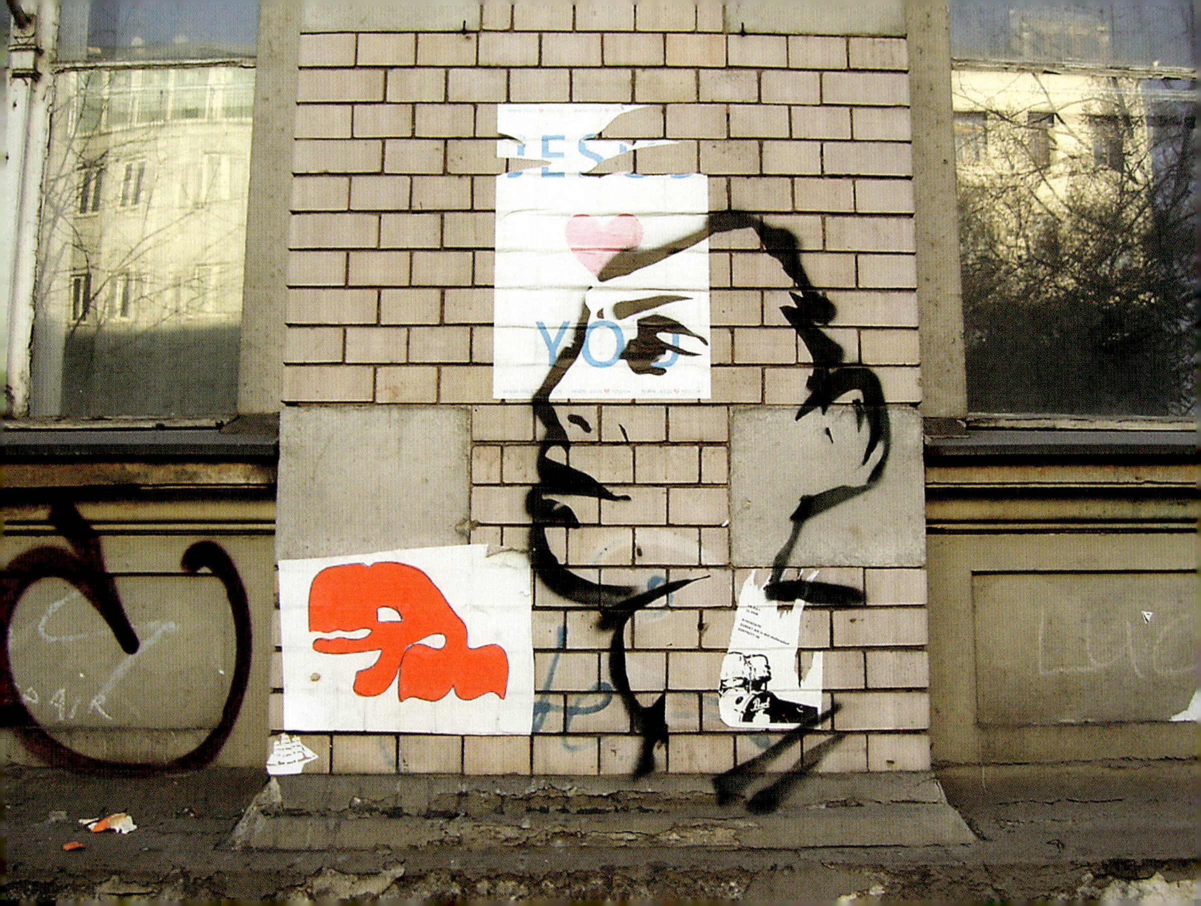
JESUS
YOU

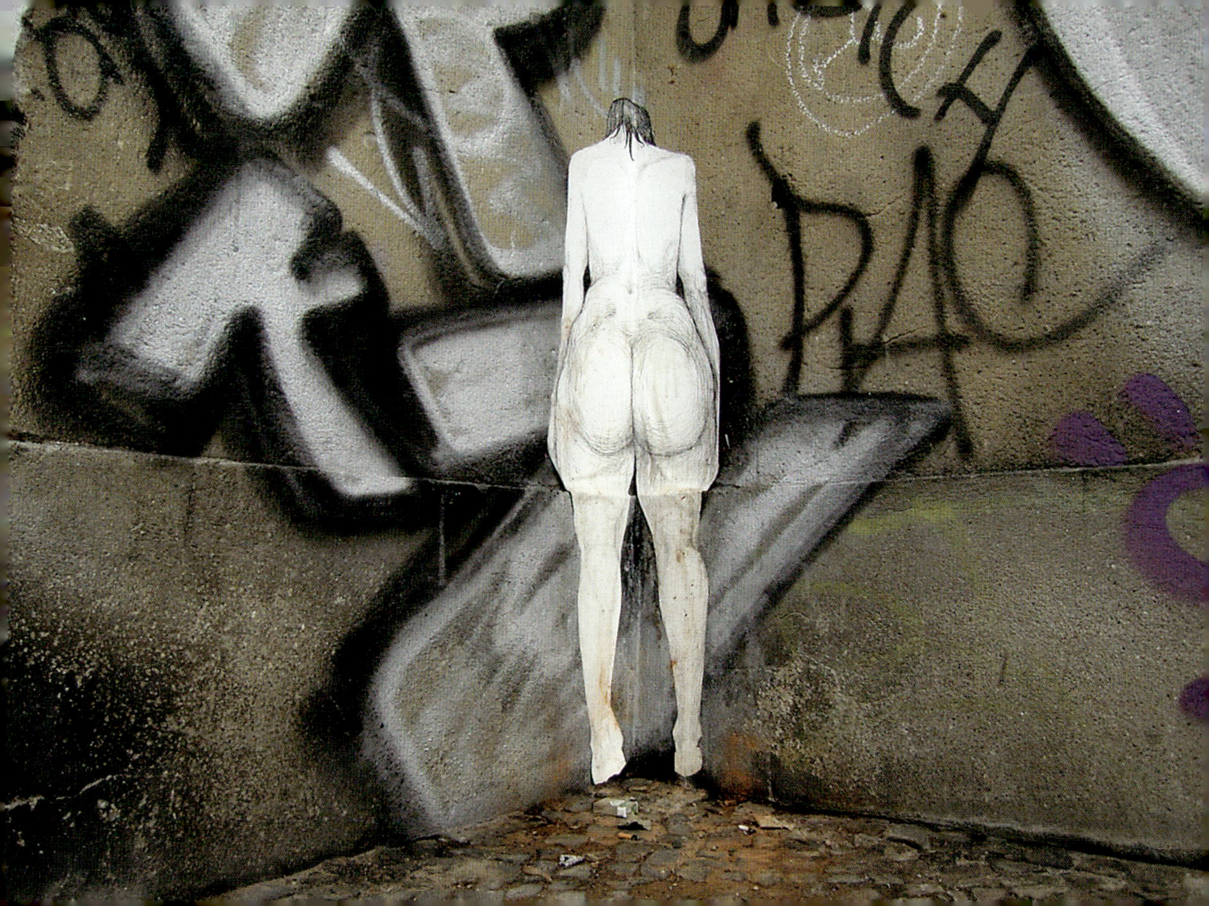

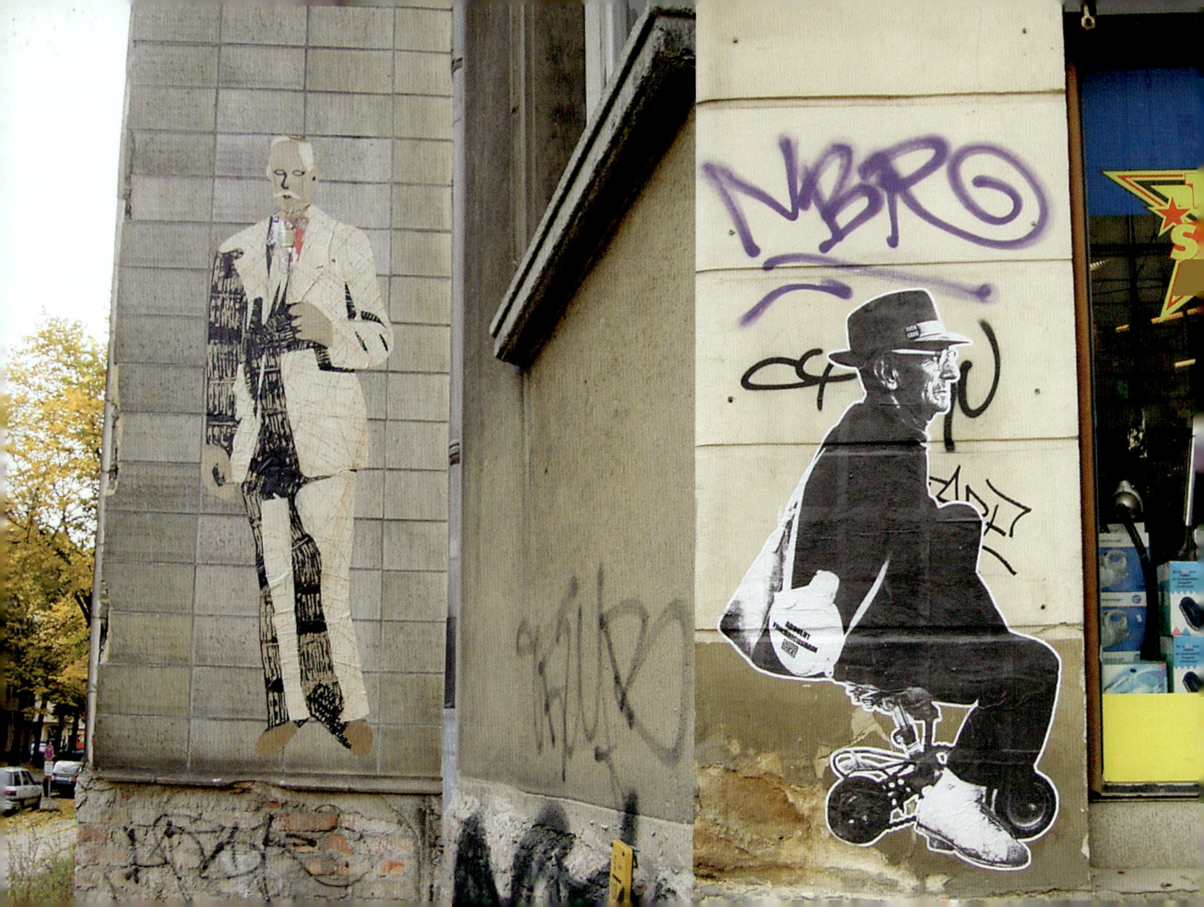

NBRG

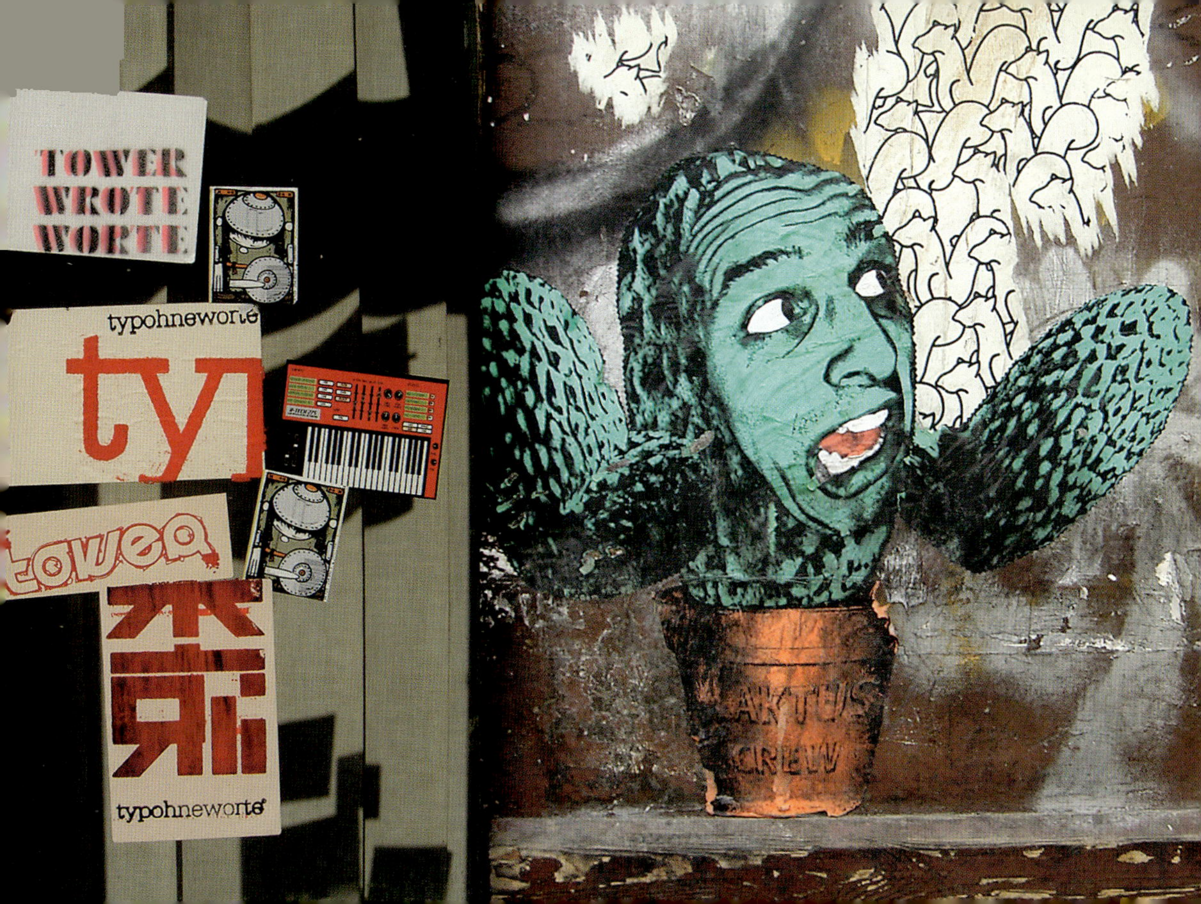
TOWER
WROTE
WORTE
typohneworte
ty
towea
typohneworte
KAKTUS
CREW

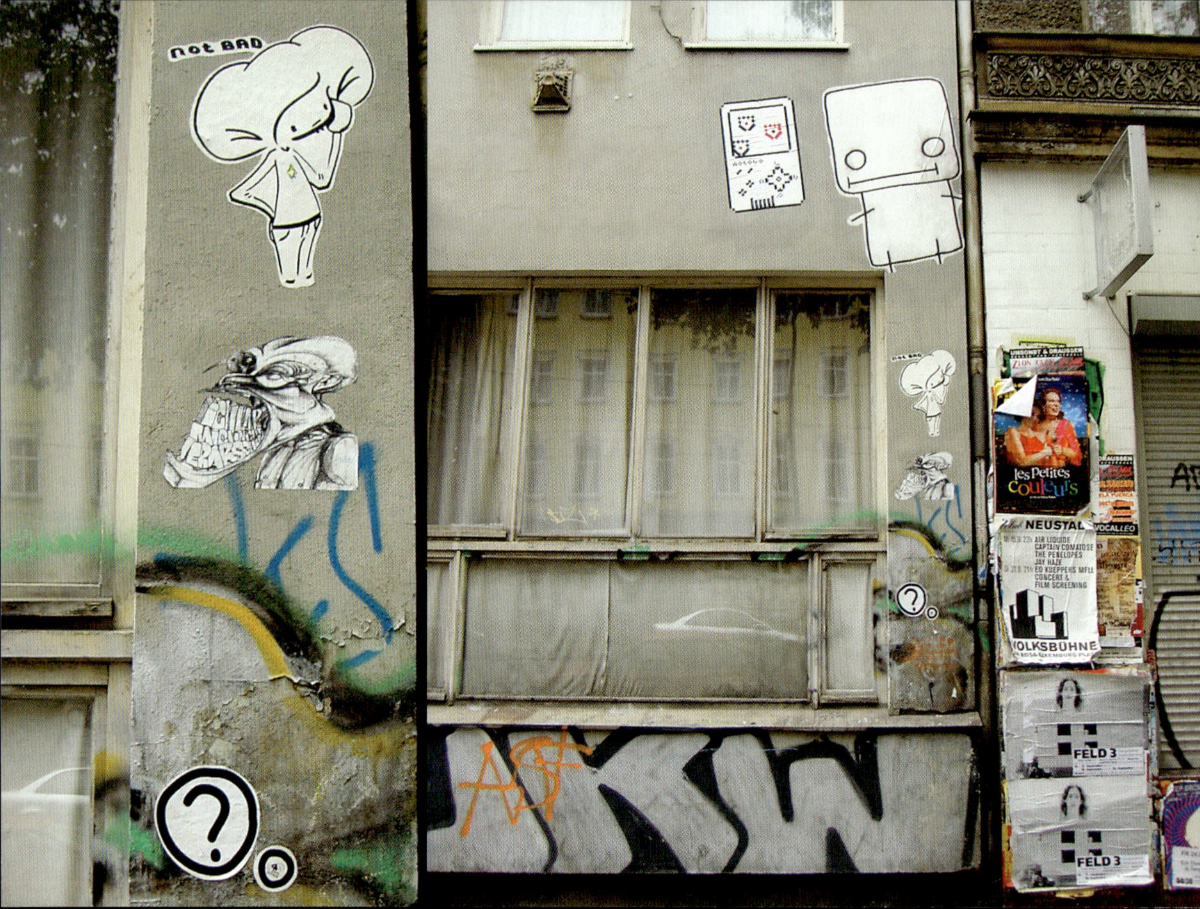

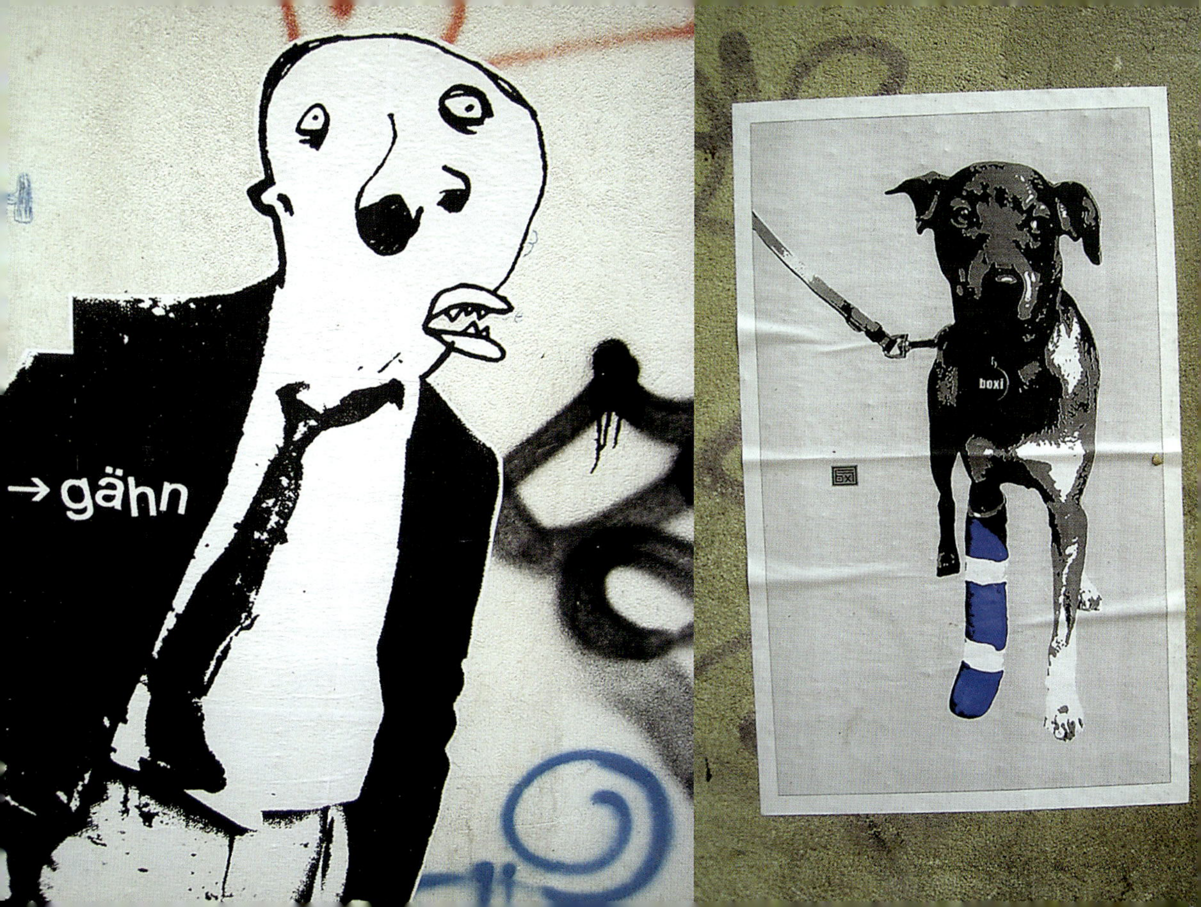
→ gähn
boxi

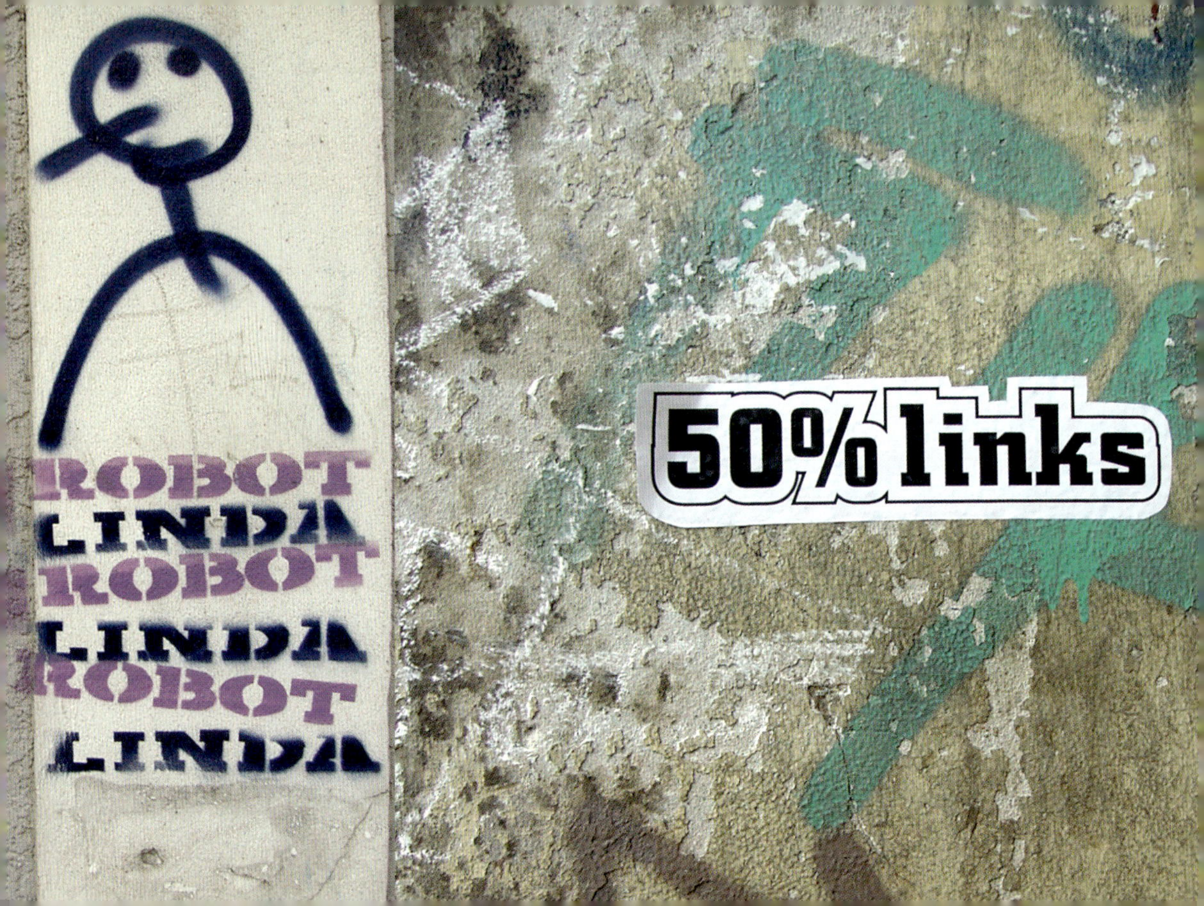

ROBOT
LINDA
ROBOT
LINDA
ROBOT
LINDA
50% links

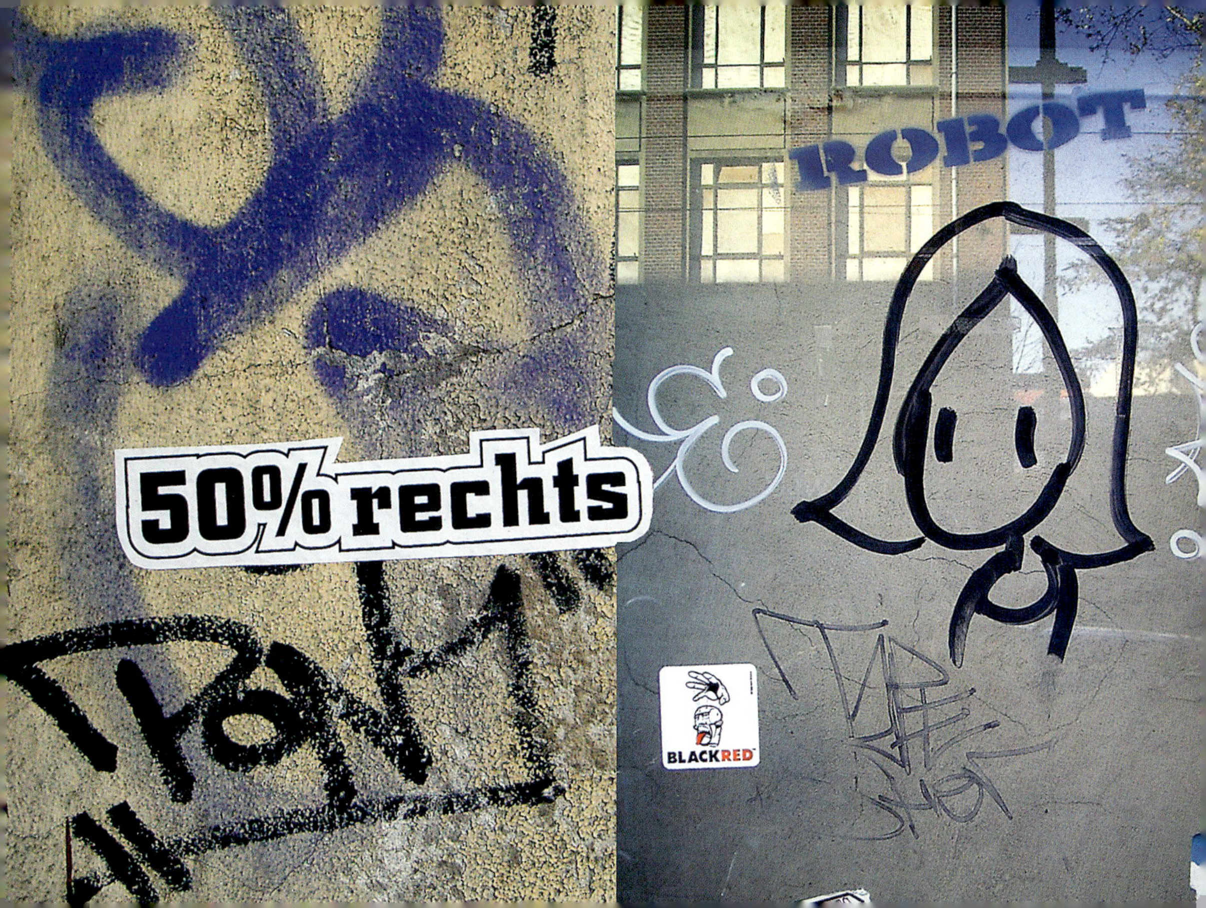

ROBOT
50% rechts
BLACKRED

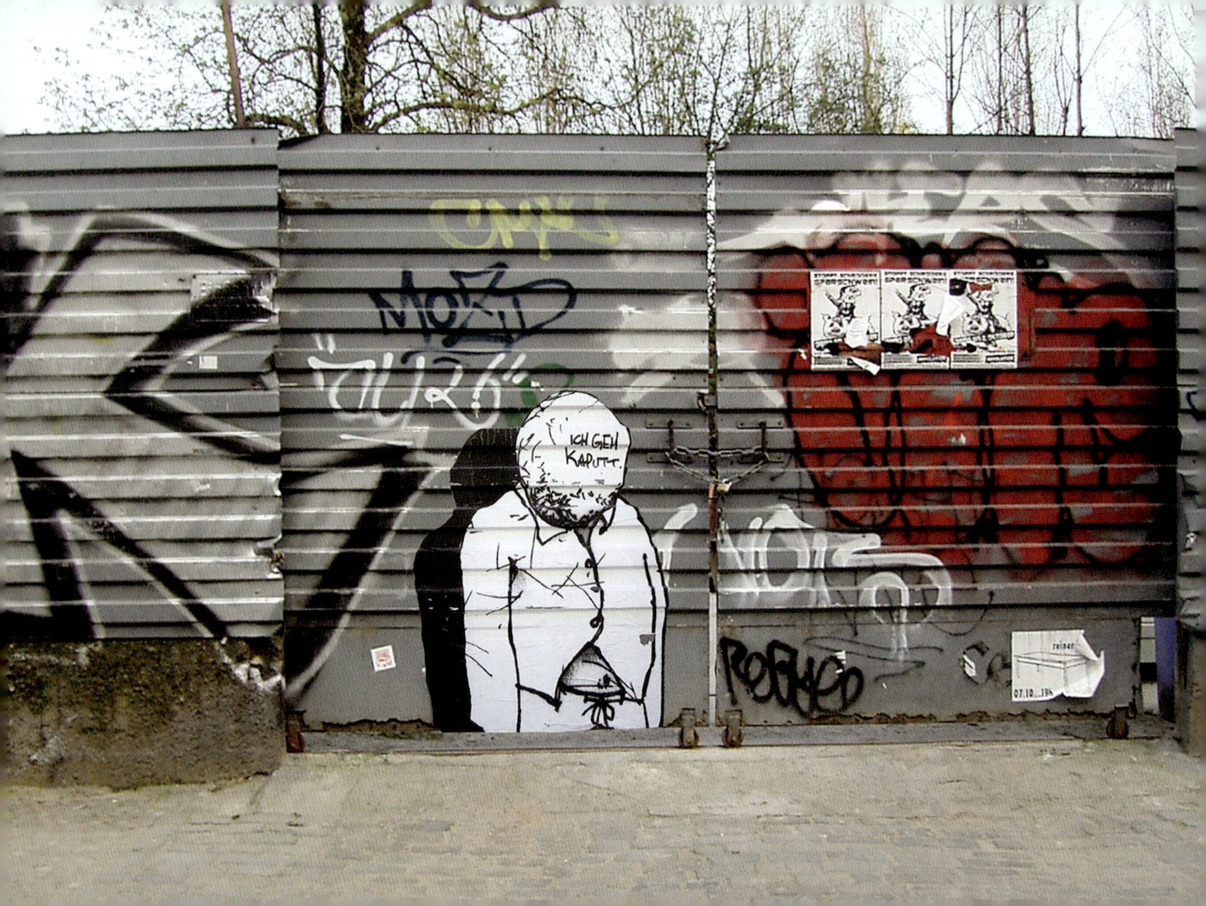
ICH GEH KAPUTT.

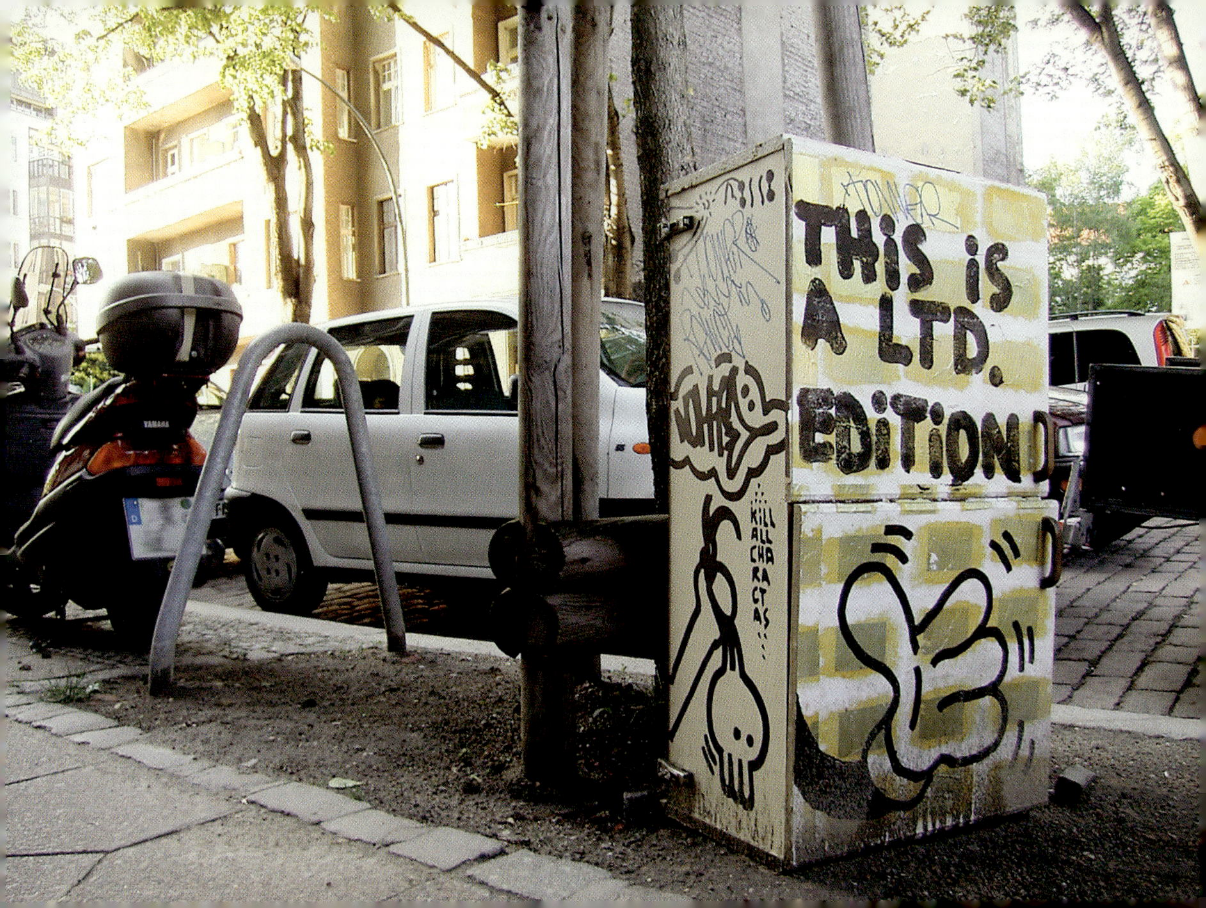
THIS IS
A LTD.
EDITION
KILL
ALL
CHA
RA
CT
AS

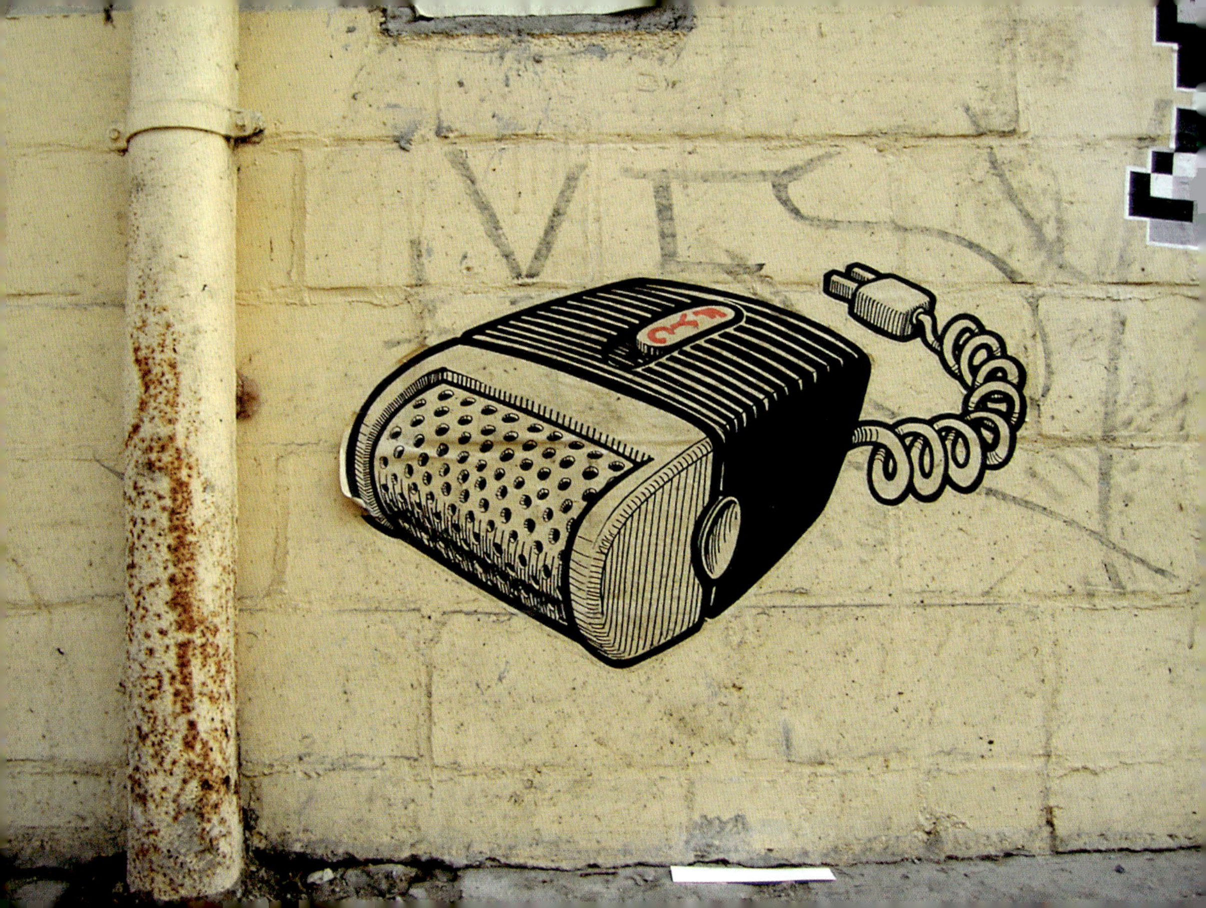

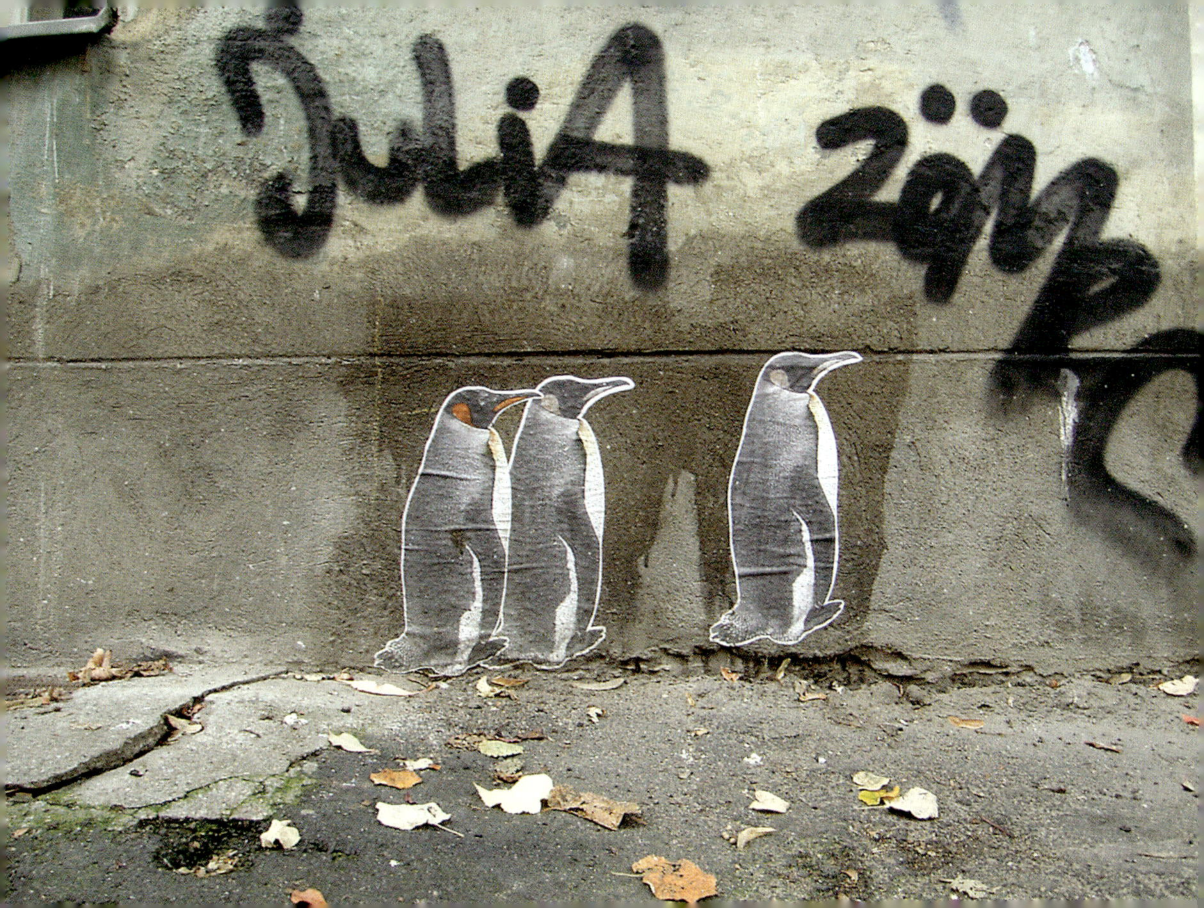
Julia
zöm

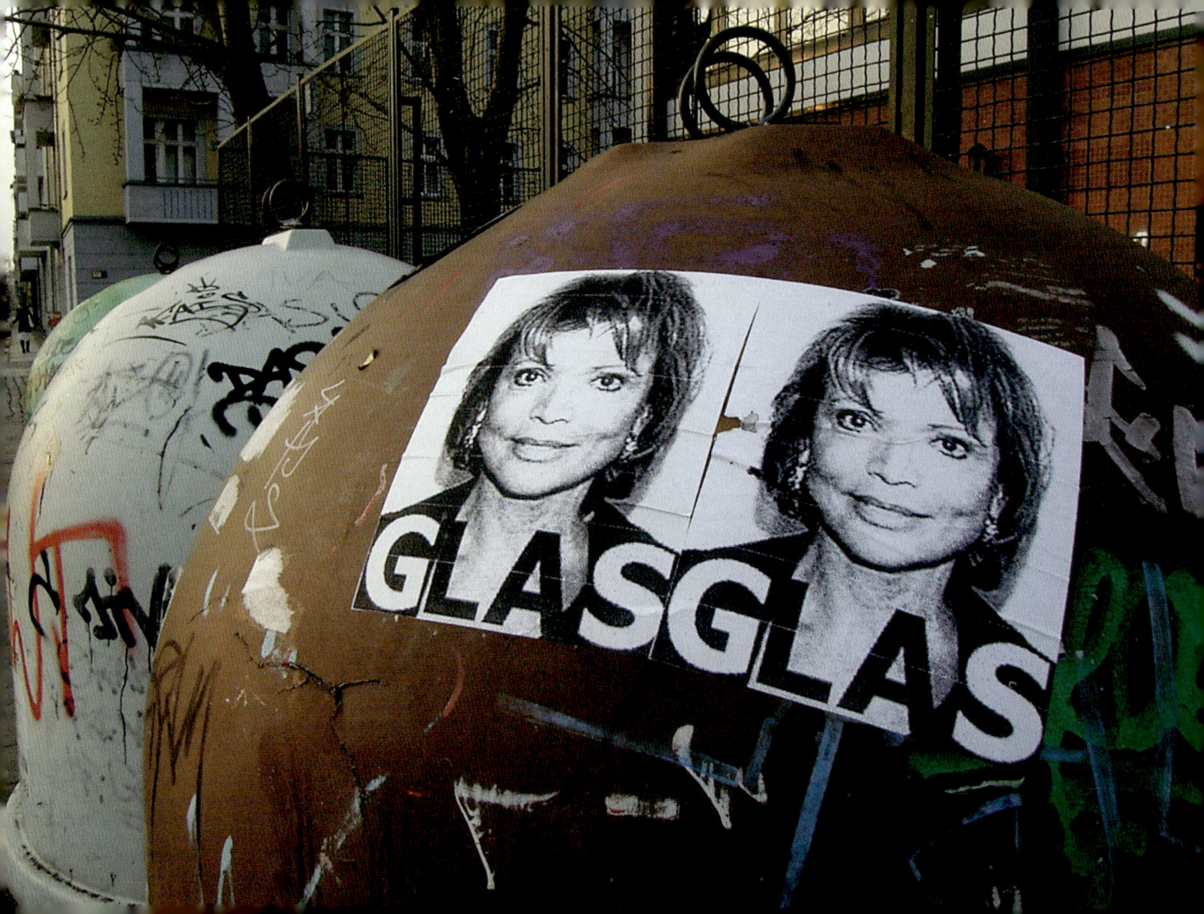
GLASGLAS

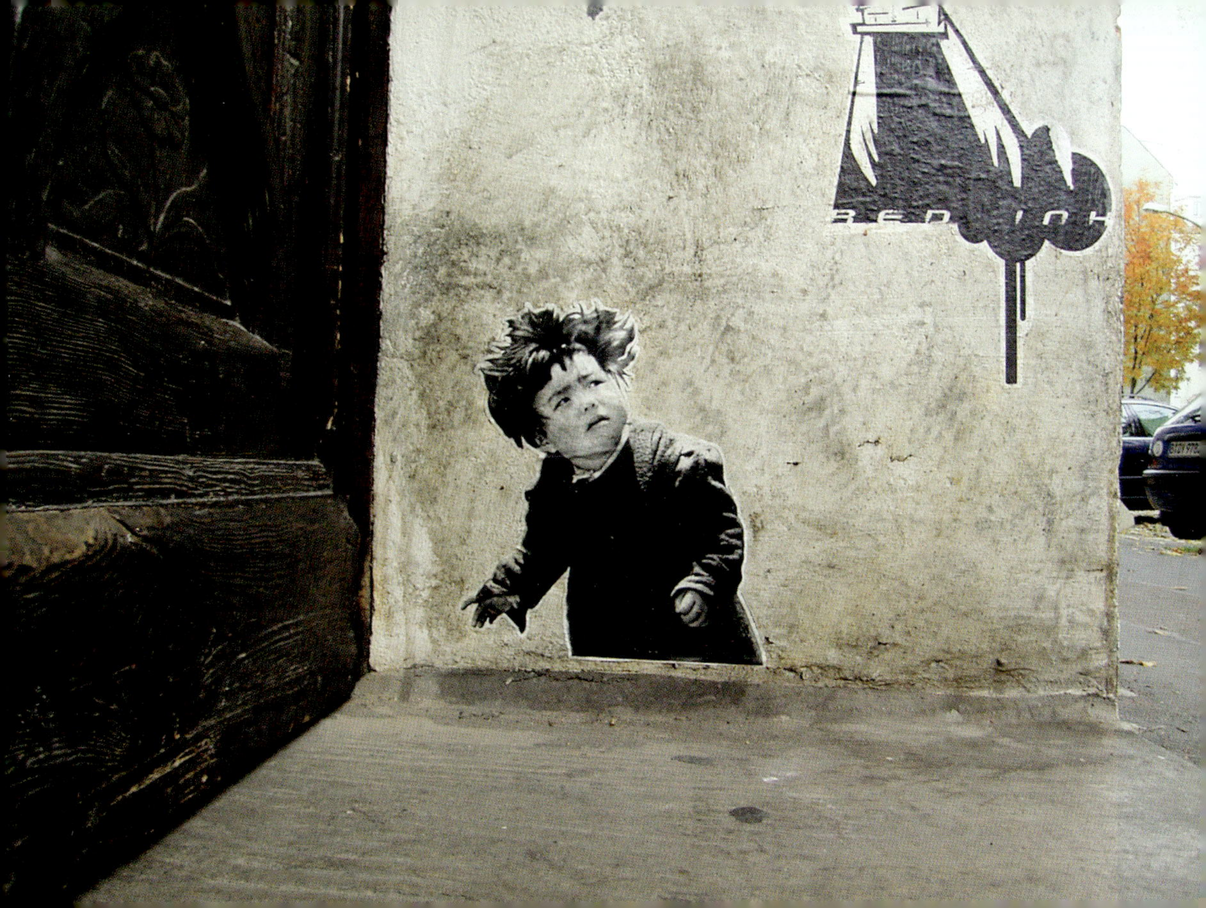

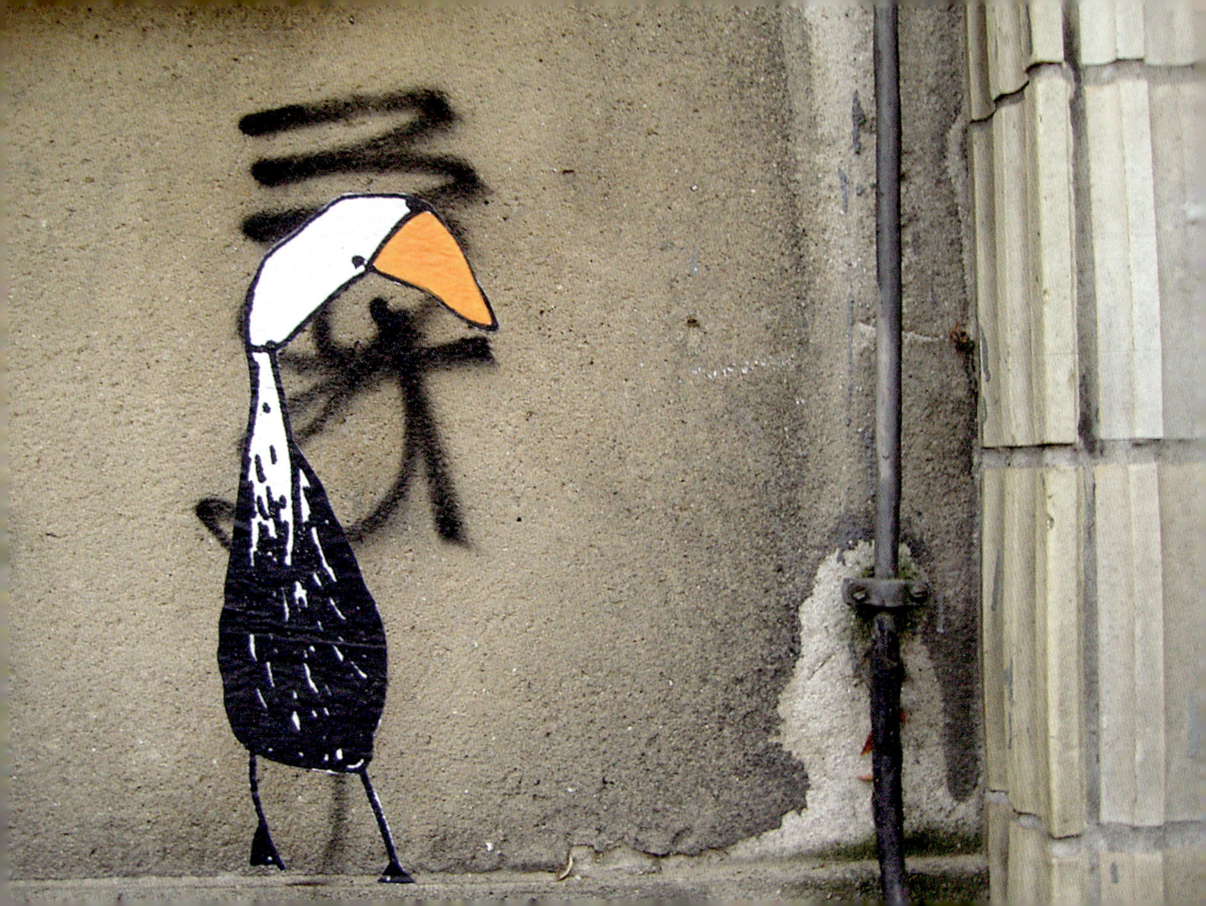

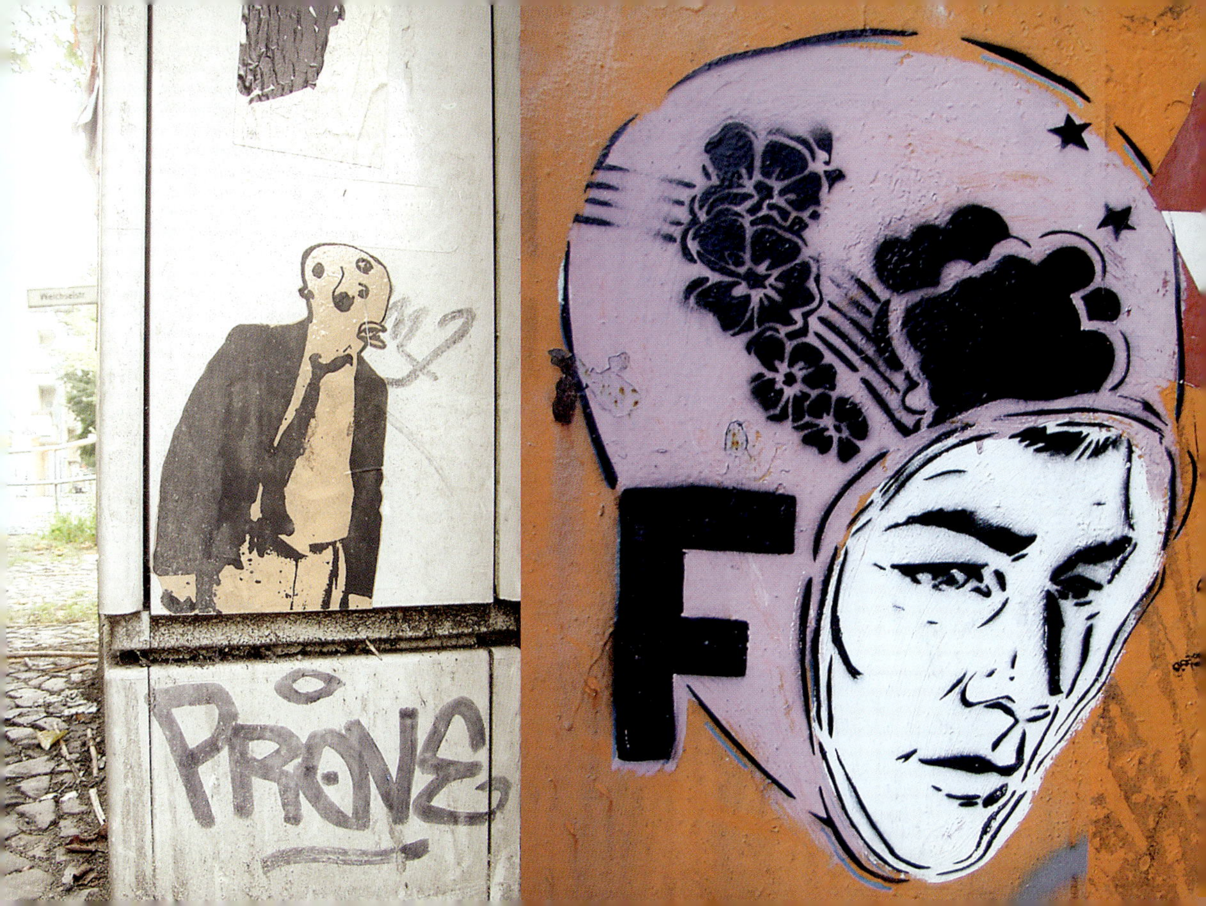

PRONE
F

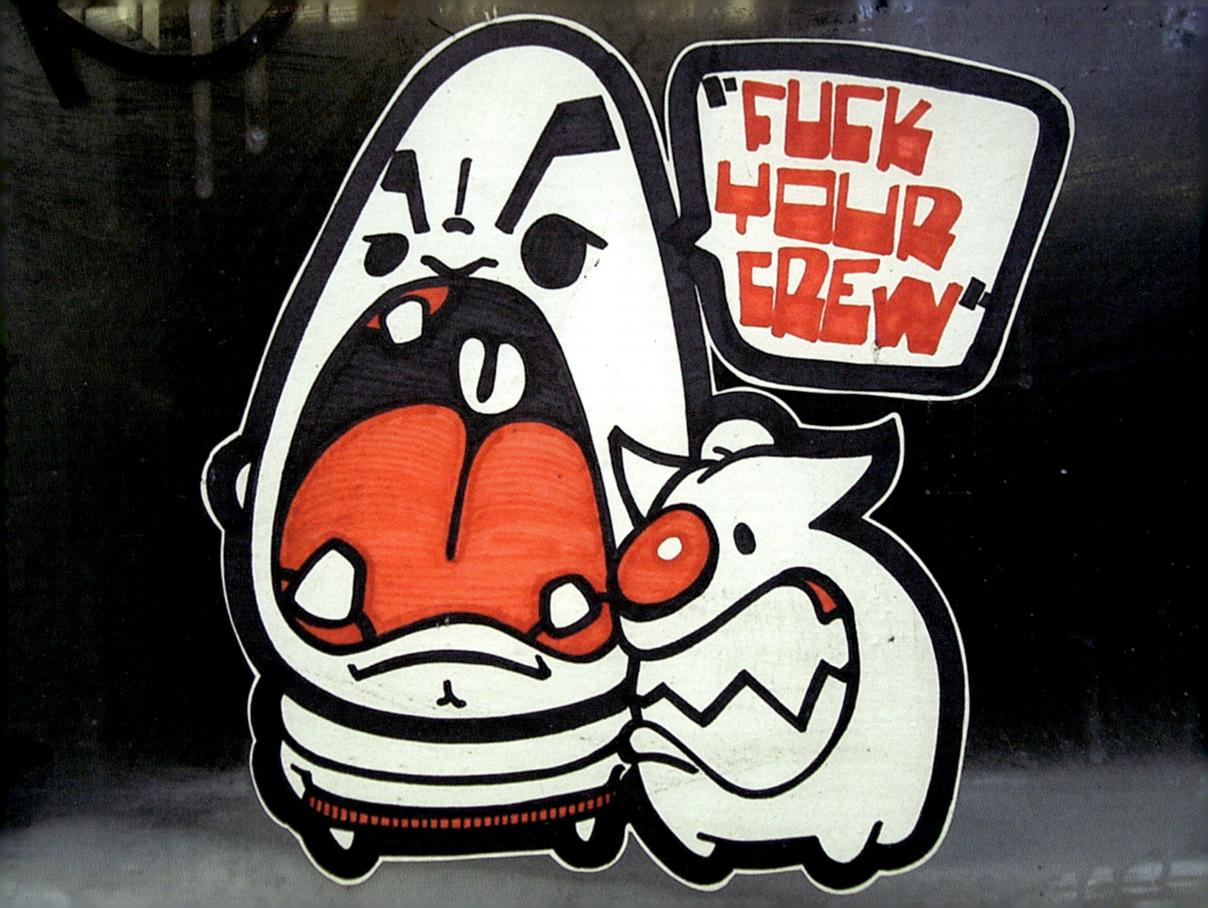
"FUCK
YOUR
CREW"

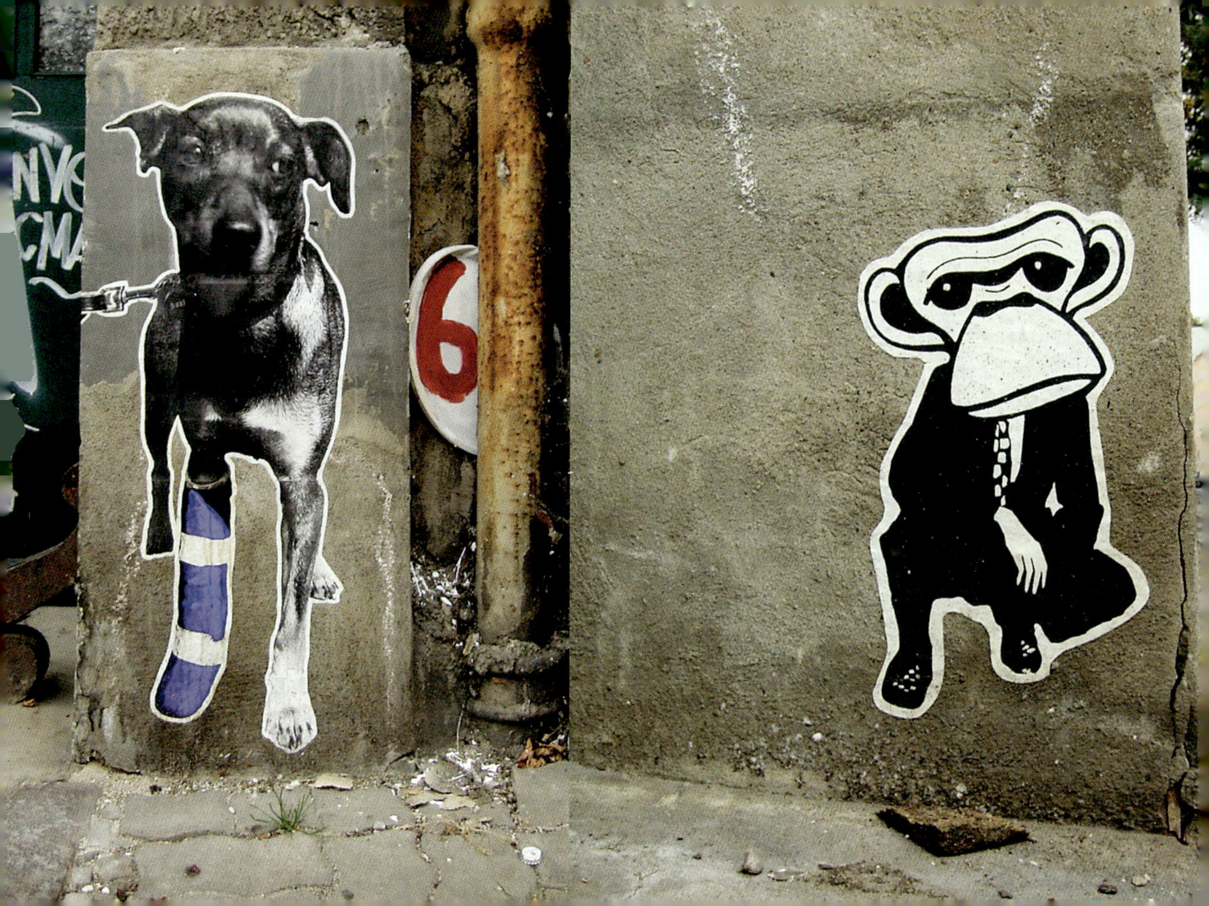

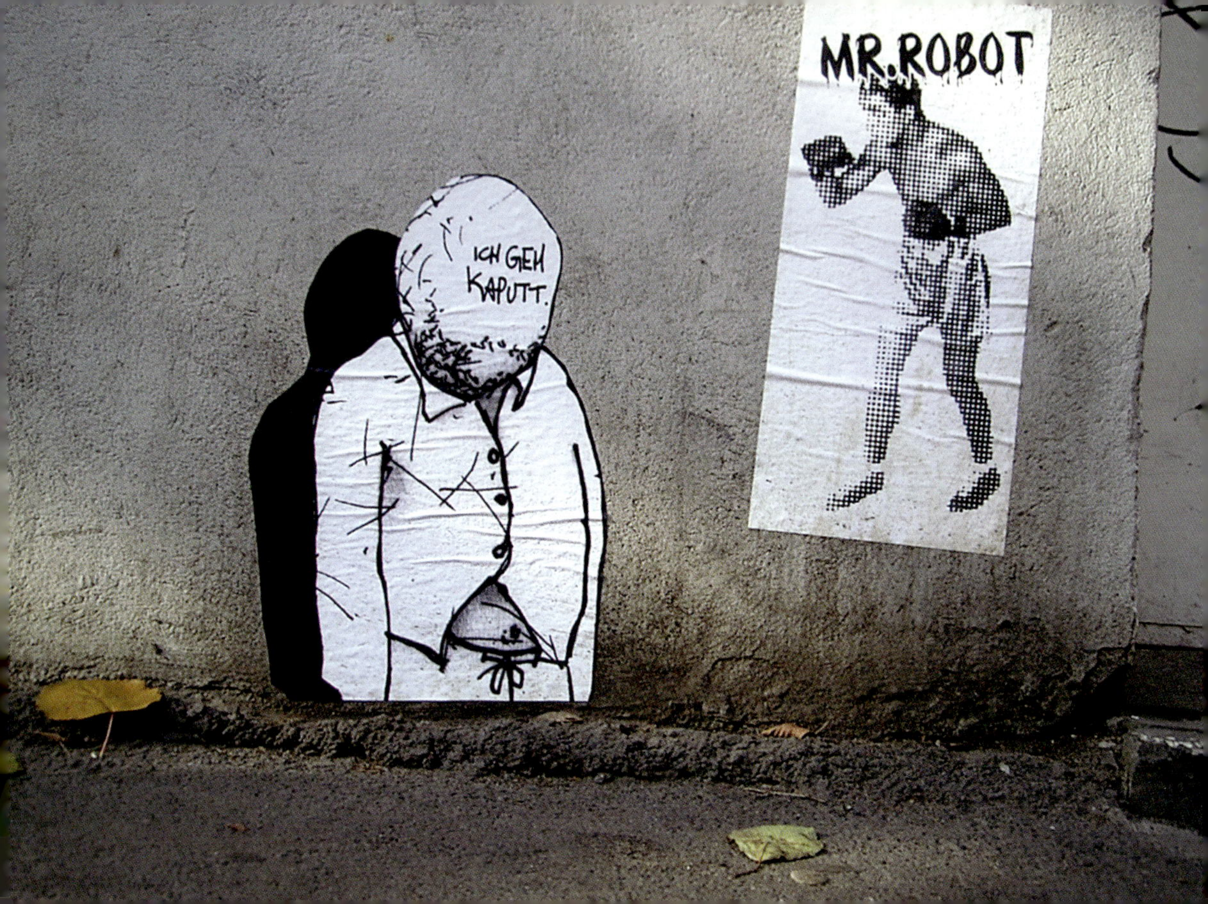
ICH GEH KAPUTT.
MR.ROBOT

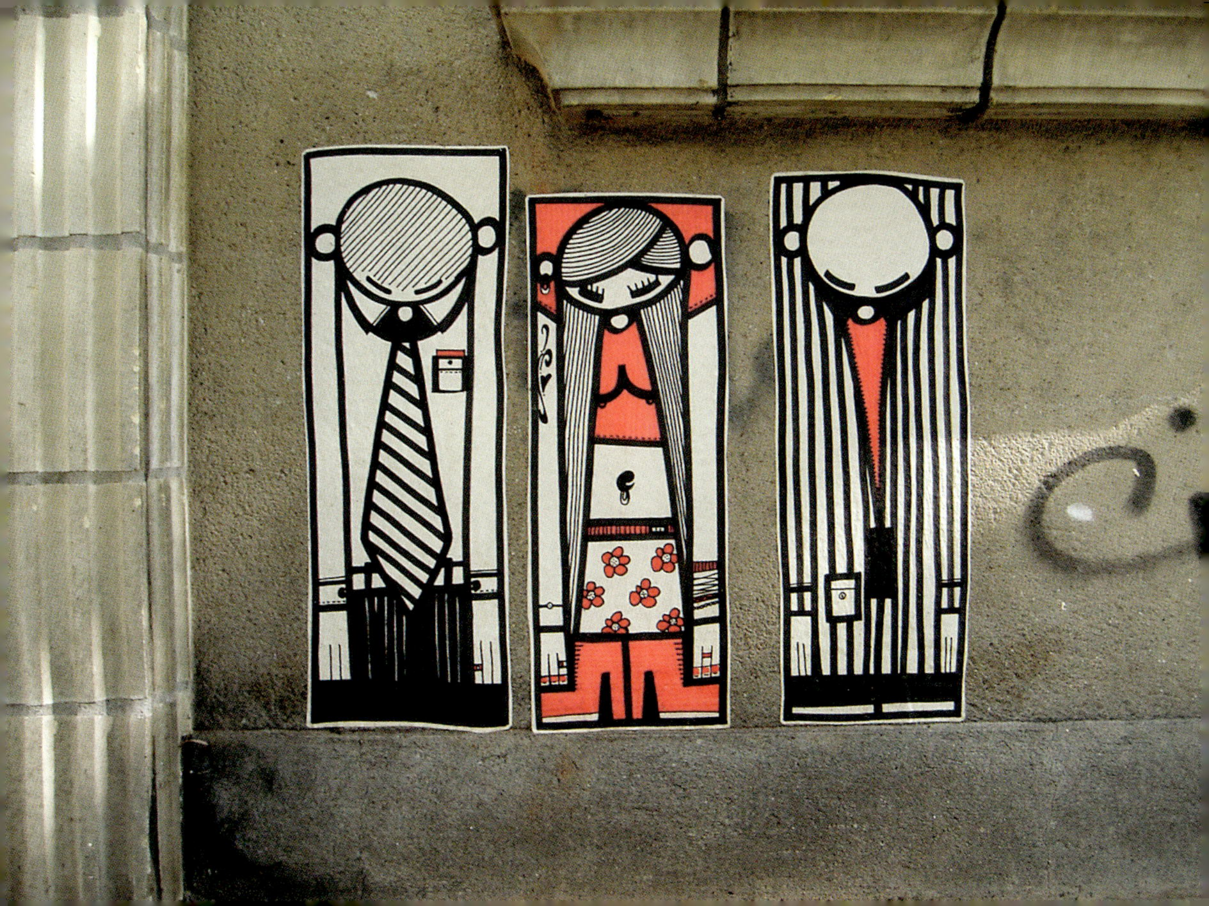

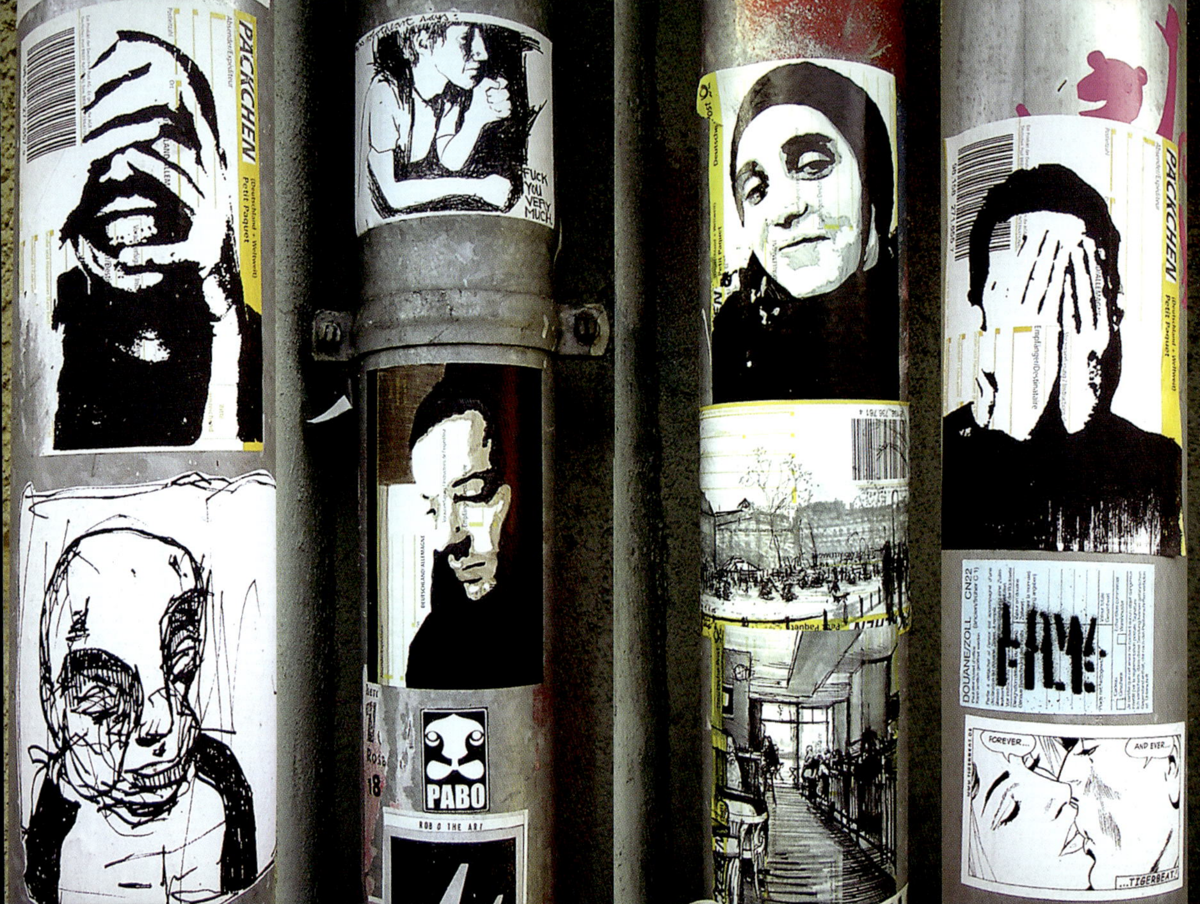
PÄCKCHEN
FUCK YOU VERY MUCH
PABO
ROB O THE ART
DOUANE/ZOLL CN22
FOREVER....
AND EVER....
...TIGERBEAT.

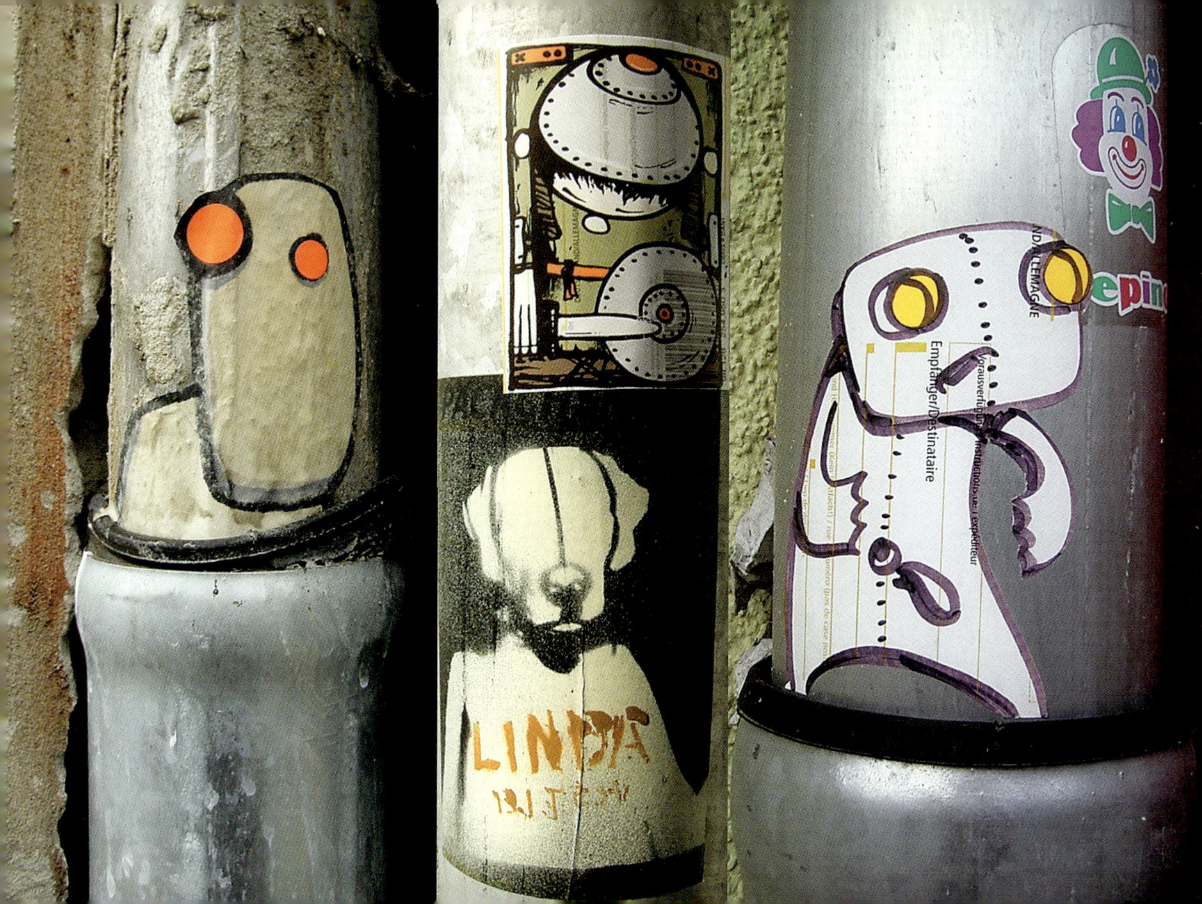
LINDA

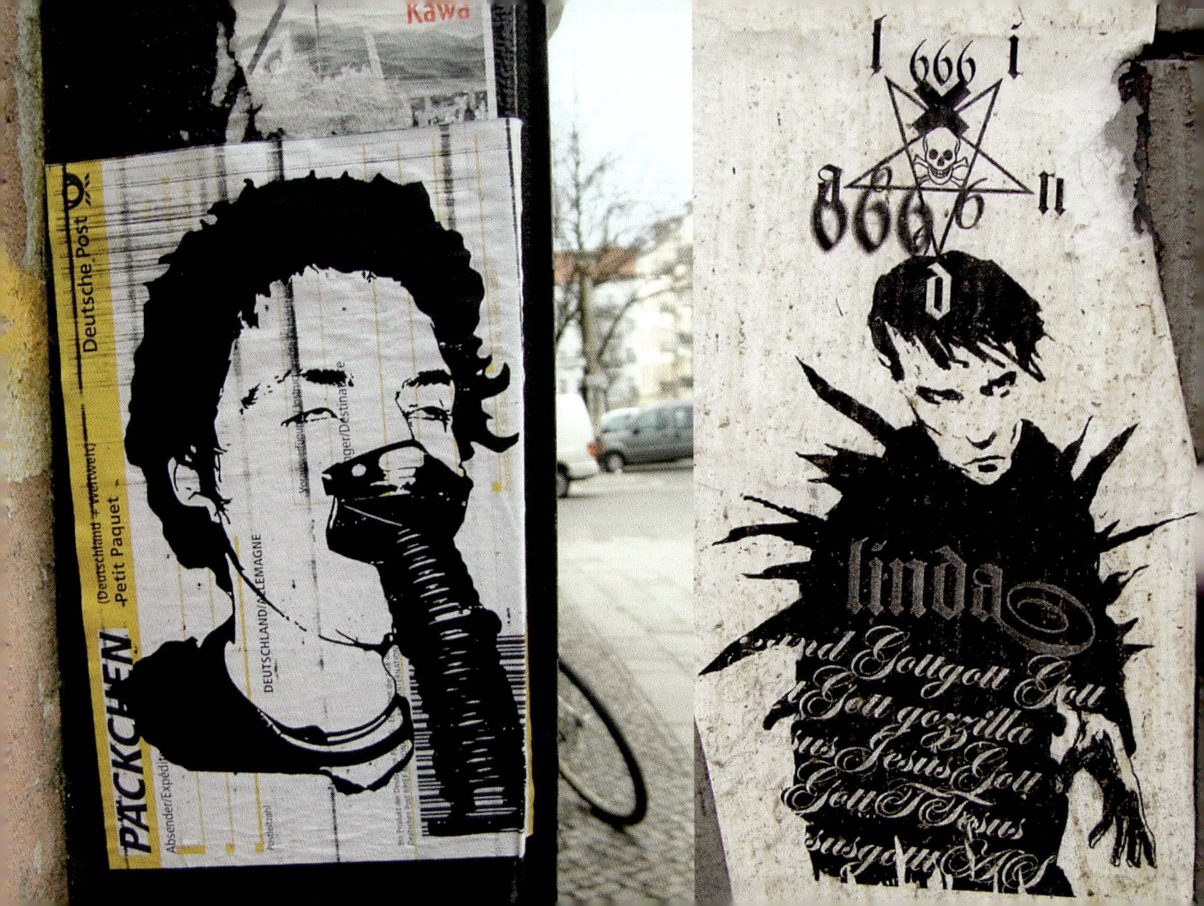
Kawa
Deutsche Post
PÄCKCHEN
(Deutschland + Weltweit)
Petit Paquet
Absender/Expéditeur
DEUTSCHLAND/ALLEMAGNE
Empfänger/Destinataire
1 666 i
666
linda
und Gottgott Gott
Gott gozzilla
Jesus Gott
Gott Jesus

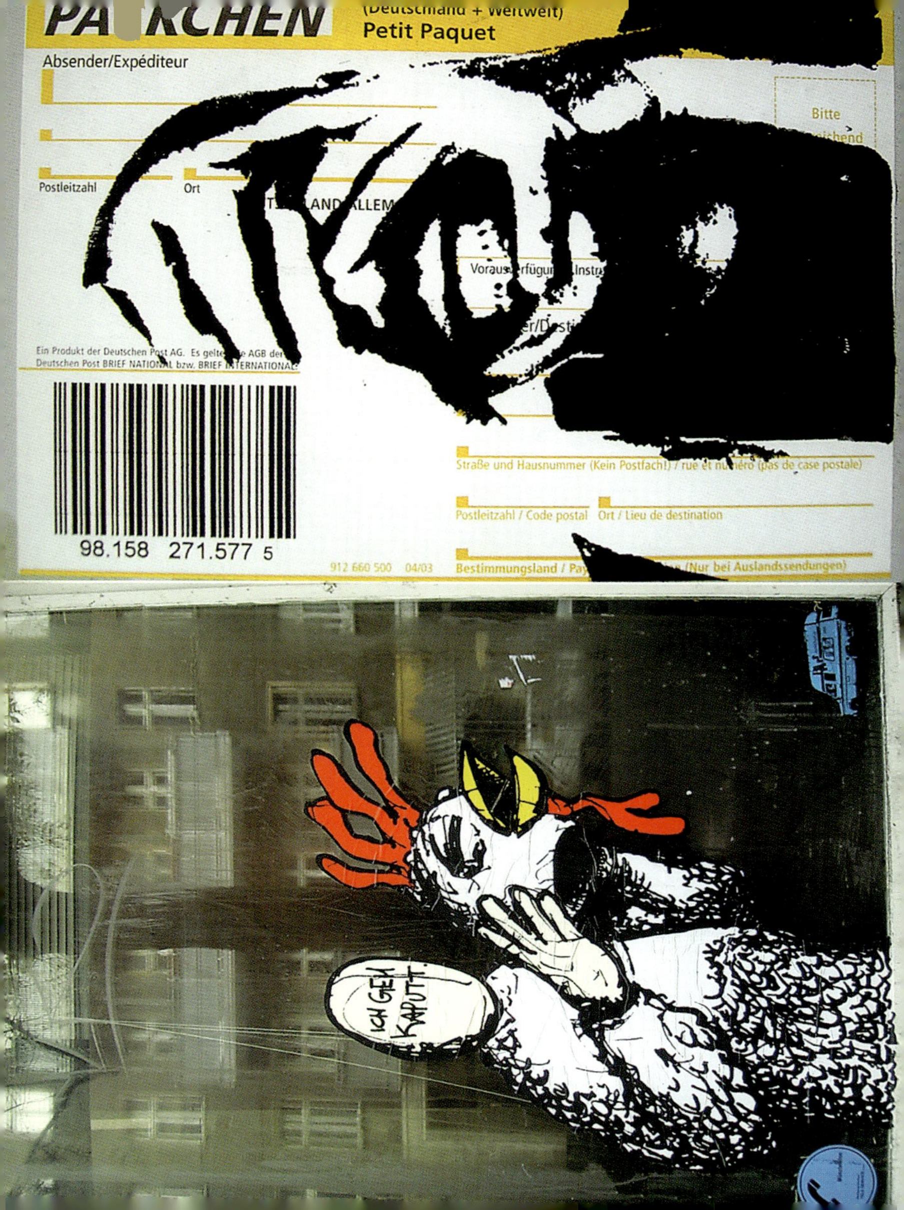
PÄCKCHEN
(Deutschland + weltweit)
Petit Paquet
Absender/Expéditeur
Postleitzahl
Ort
Ein Produkt der Deutschen Post AG. Es gelten die AGB der
Deutschen Post BRIEF NATIONAL bzw. BRIEF INTERNATIONAL
98.158 271.577 5
912 660 500   04/03
Straße und Hausnummer (Kein Postfach!) / rue et numéro (pas de case postale)
Postleitzahl / Code postal
Ort / Lieu de destination
Bestimmungsland / Pays
(Nur bei Auslandssendungen)
Bitte
ICH GEH KAPUTT.

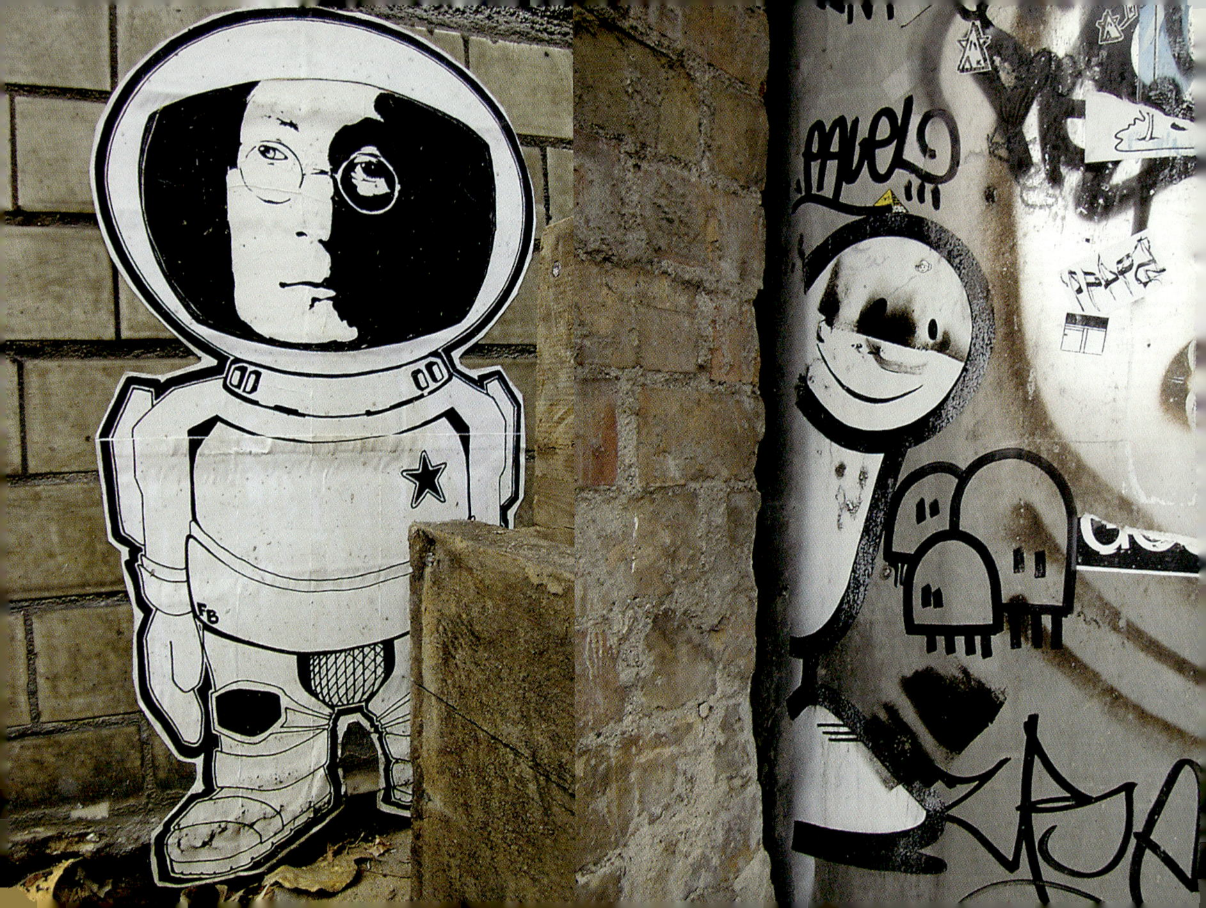

FB

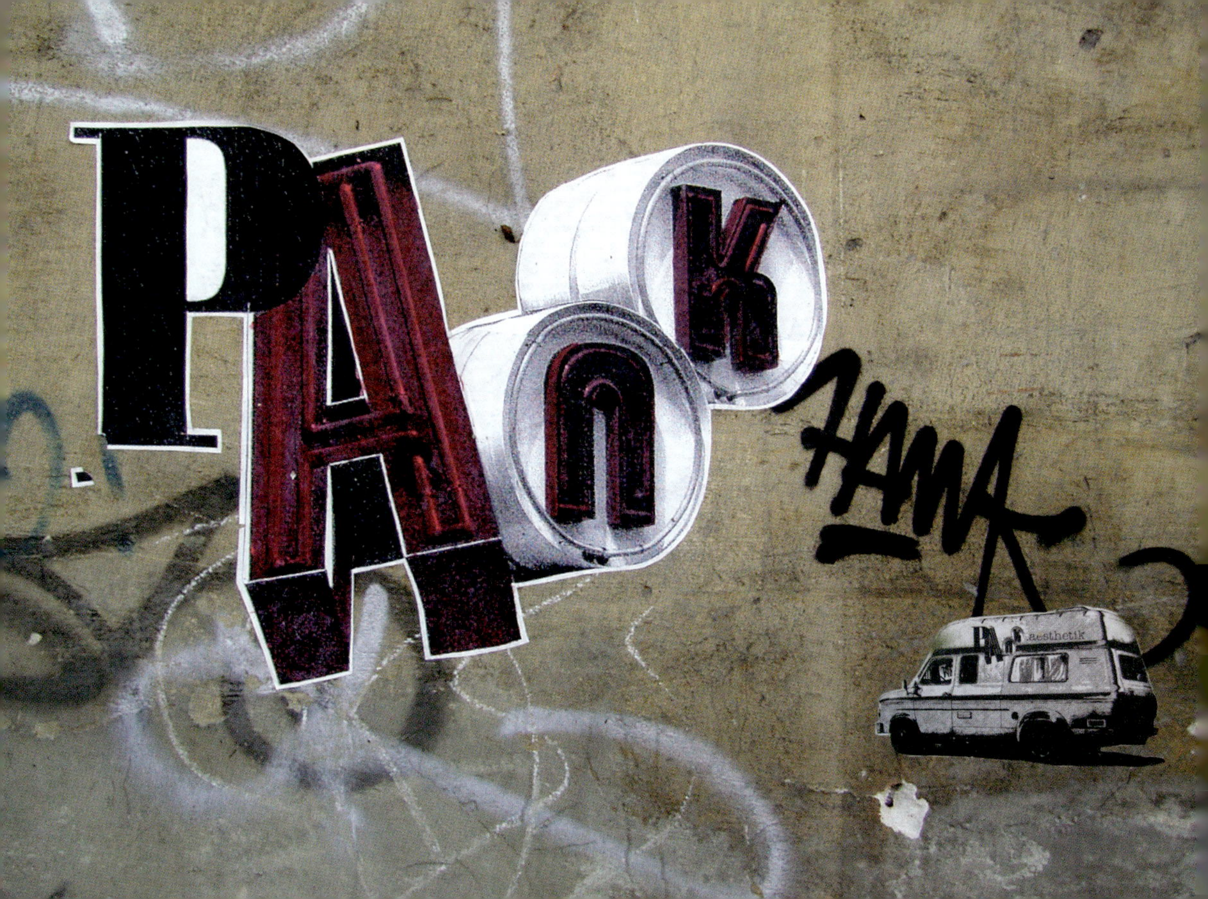

PACK
HANA
aesthetik

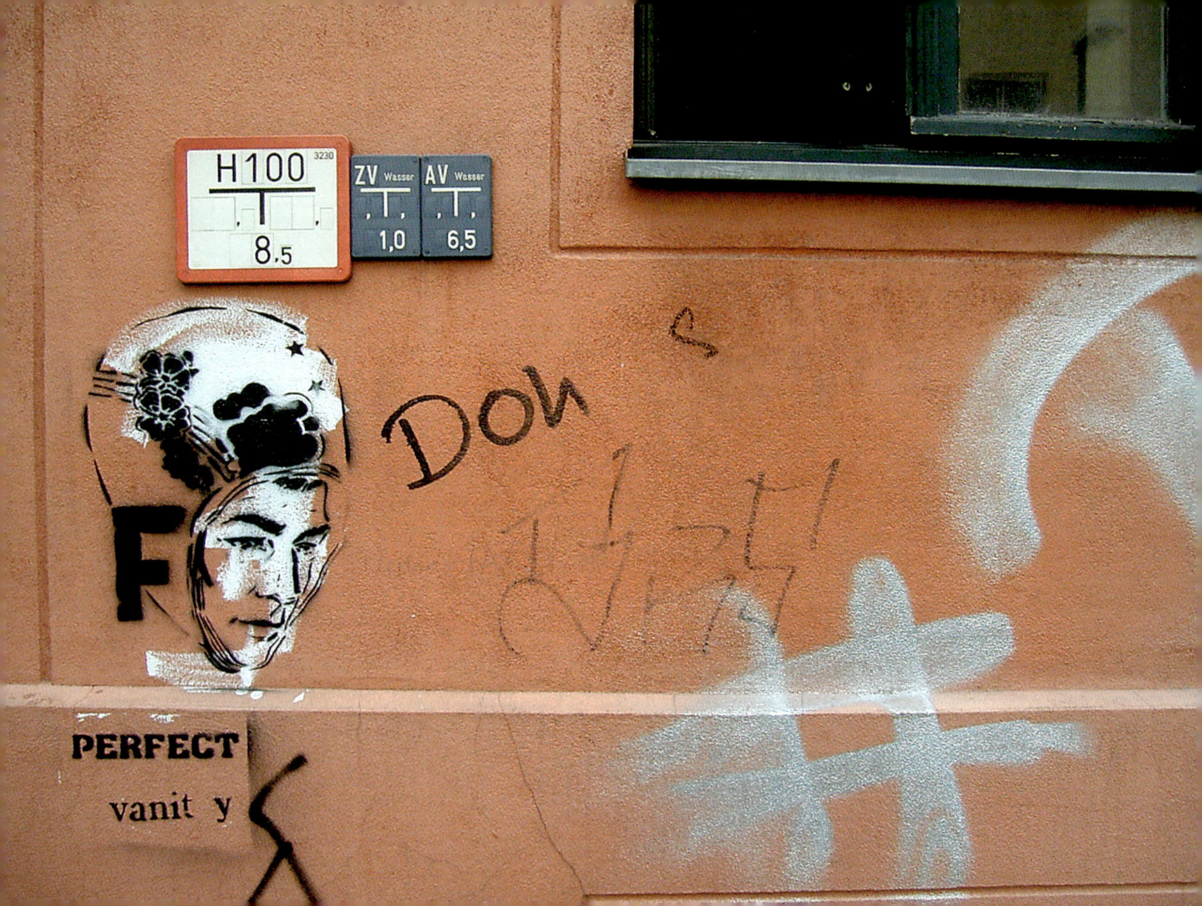

H100
3230
8.5
ZV Wasser
1,0
AV Wasser
6,5
F
Dou
PERFECT
vanit y

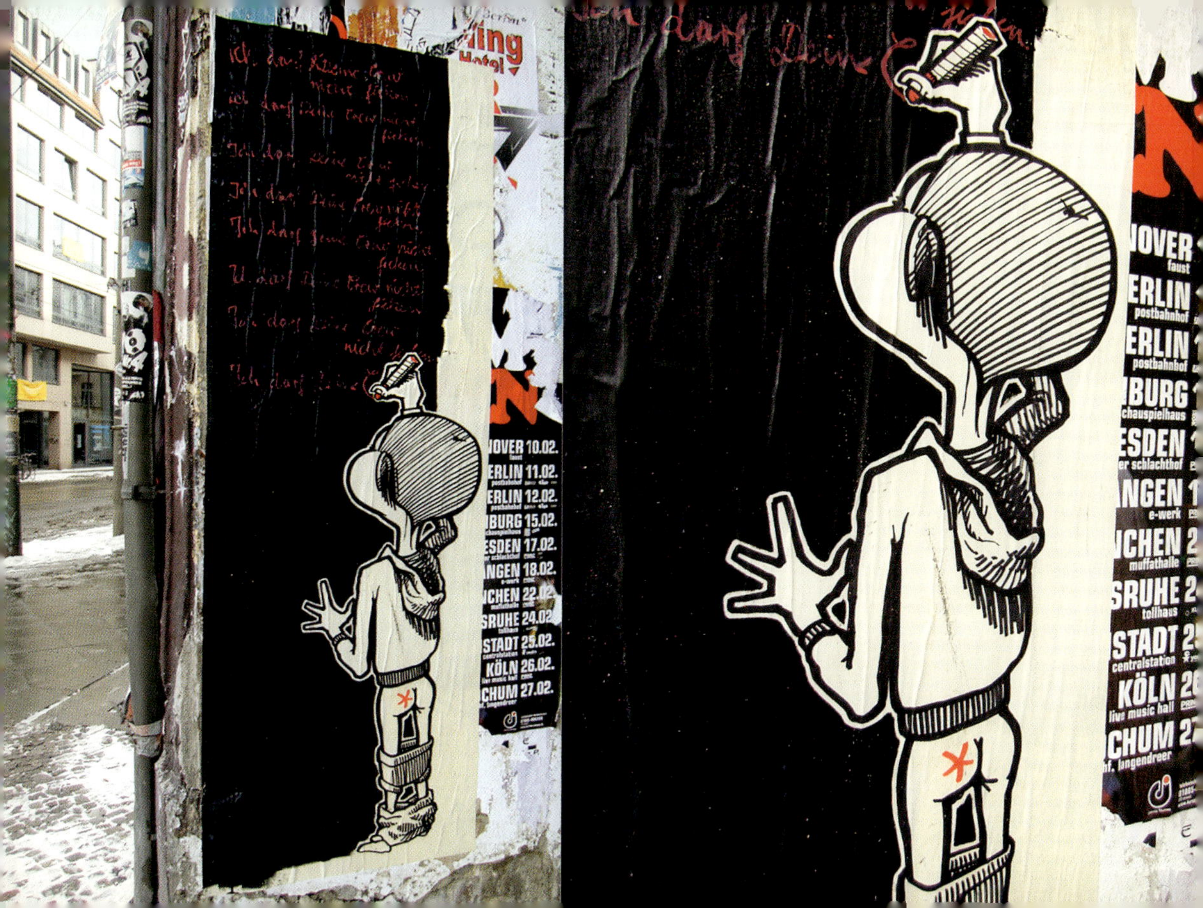
NOVER
faust
ERLIN
postbahnhof
ERLIN
postbahnhof
BURG
schauspielhaus
ESDEN
er schlachthof
ANGEN
e-werk
UCHEN
muffathalle
SRUHE
tollhaus
STADT
centralstation
KÖLN
live music hall
CHUM
hf. langendreer
NOVER 10.02.
faust
ERLIN 11.02.
postbahnhof
ERLIN 12.02.
postbahnhof
BURG 15.02.
schauspielhaus
ESDEN 17.02.
er schlachthof
ANGEN 18.02.
e-werk
UCHEN 22.02.
muffathalle
SRUHE 24.02.
tollhaus
STADT 25.02.
centralstation
KÖLN 26.02.
live music hall
CHUM 27.02.
hf. langendreer

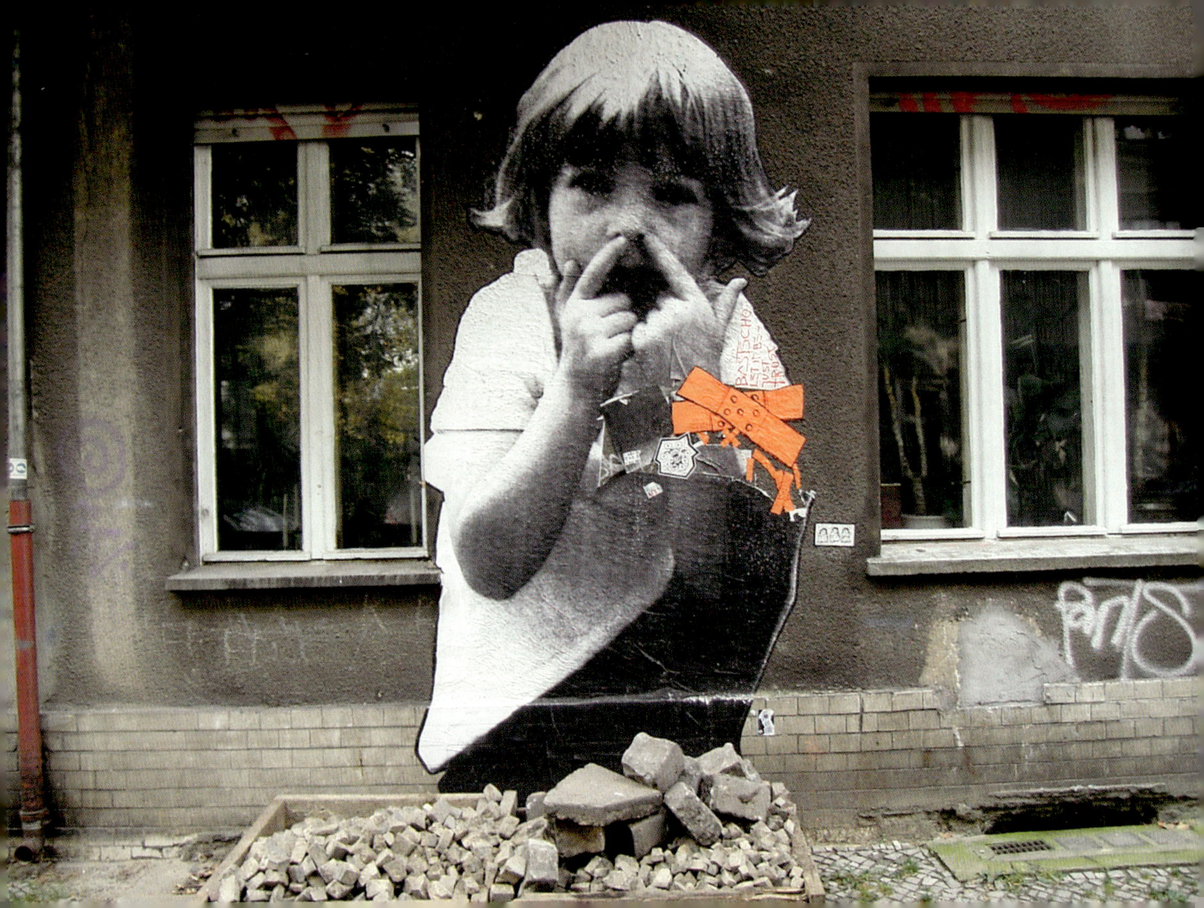

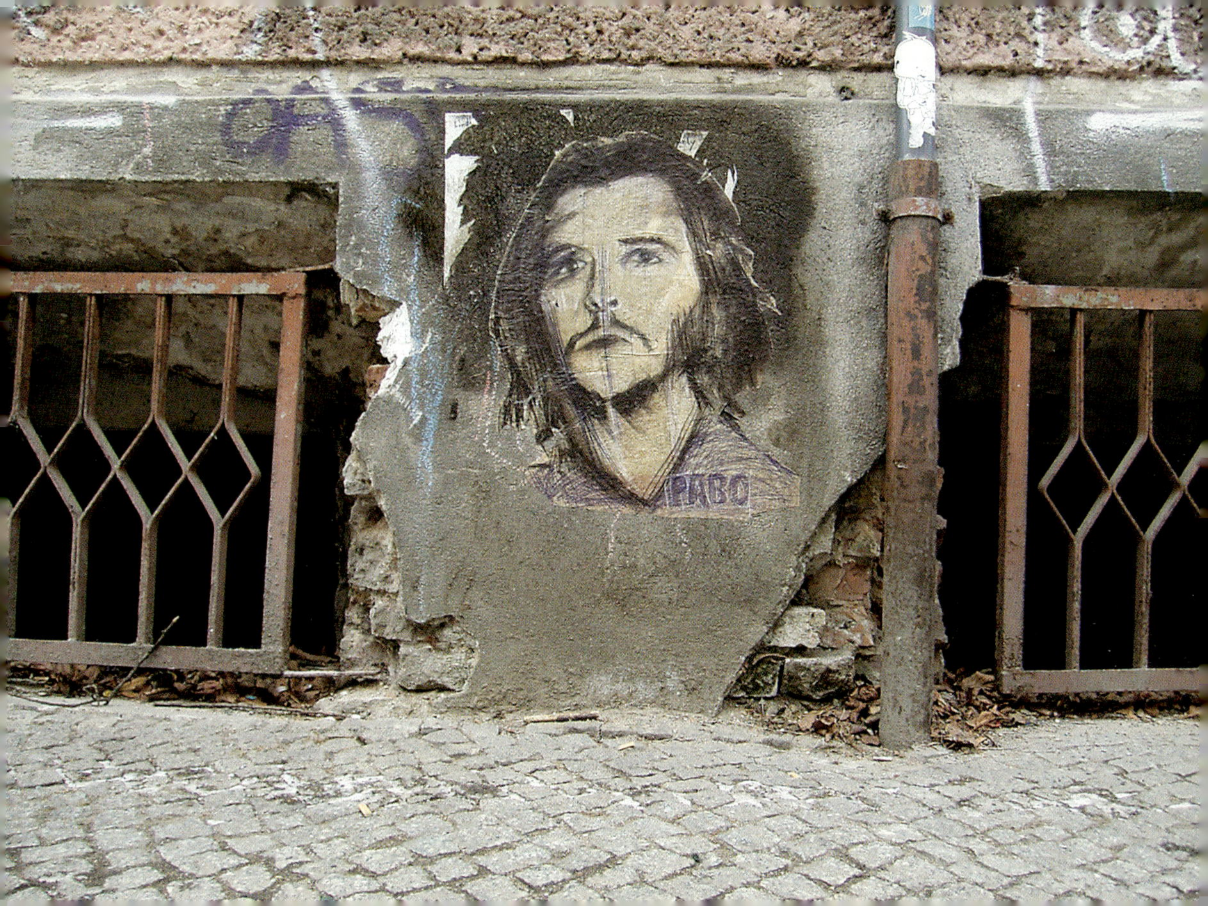
PABO

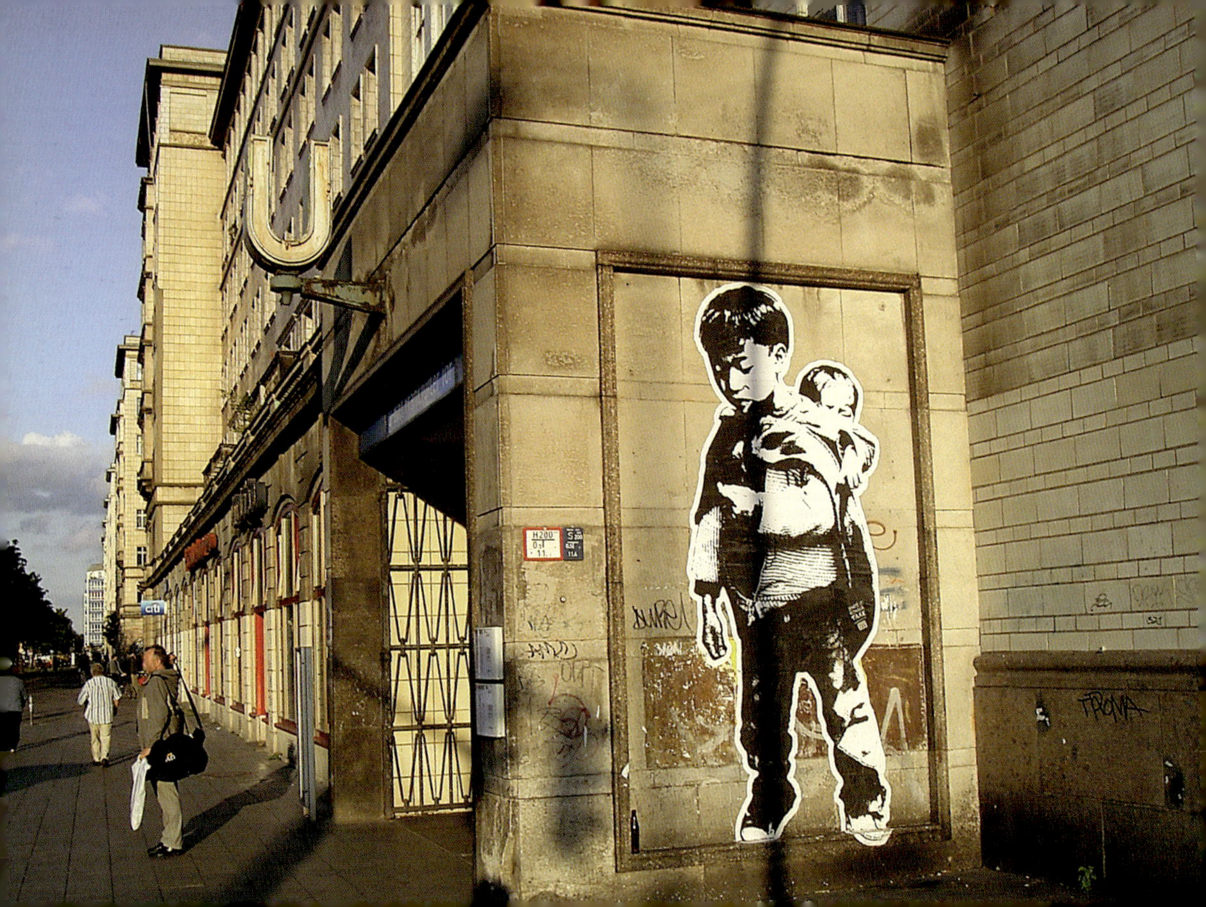

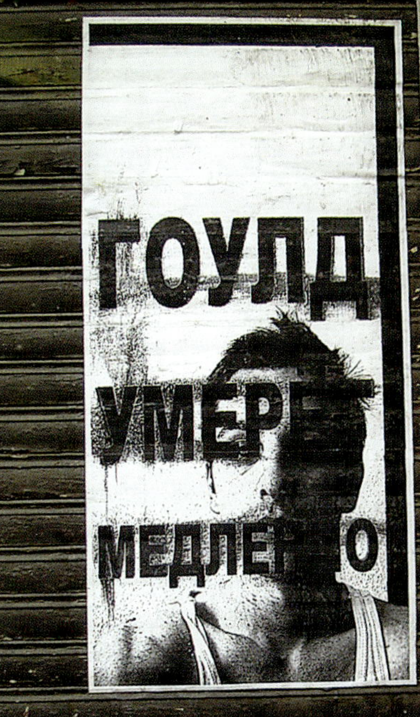
ГОУЛД
УМЕРЕТЬ
МЕДЛЕННО

ICH GEH KAPUT
ICH GEH KAPUTT.
ICH GEH KAPUTT.
ICH GEH KAPUT
ICH GEH KAPUT
ICH GEH KAPUT
ICH GEH KAPUT
ICH GEH KAPUTT
ICH GEH KAPUT

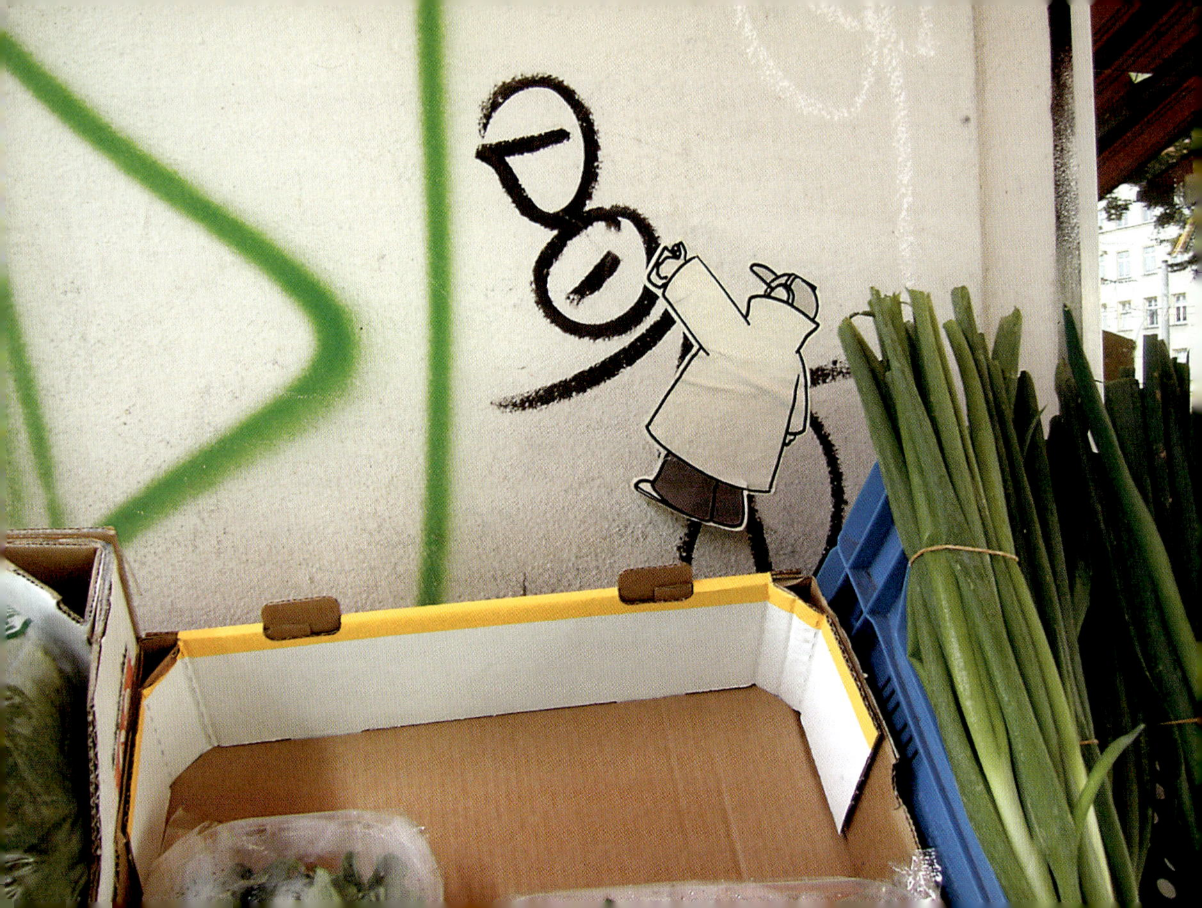

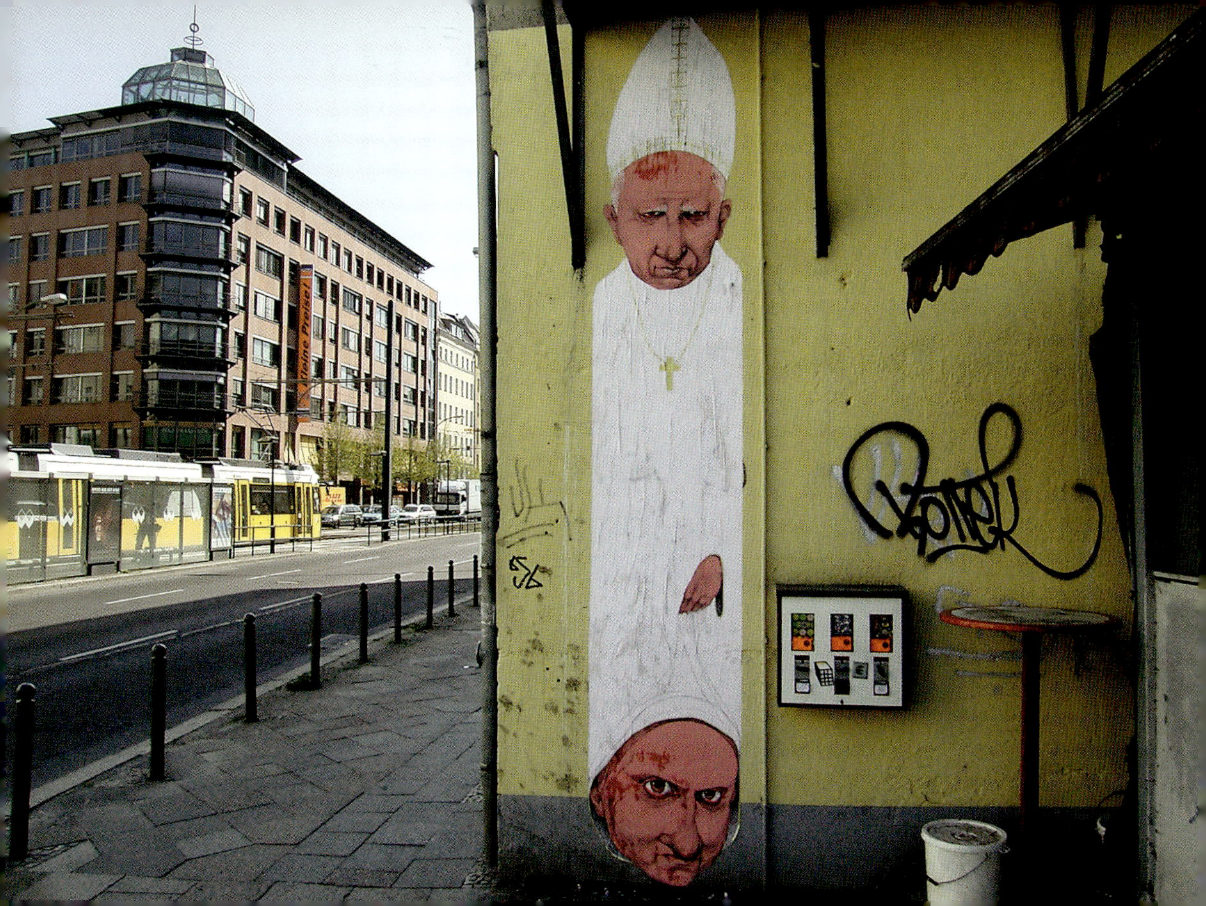
Kleine Preise!

Zettel ankleben untersagt !

Zuwiderhandlungen werden strafrechtlich verfolgt

Die Hausverwaltung

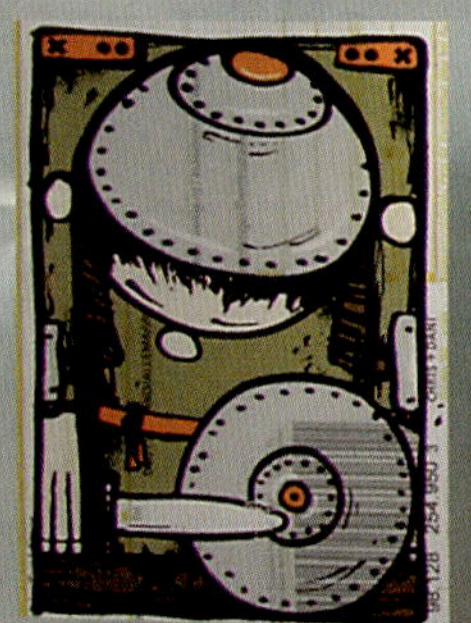

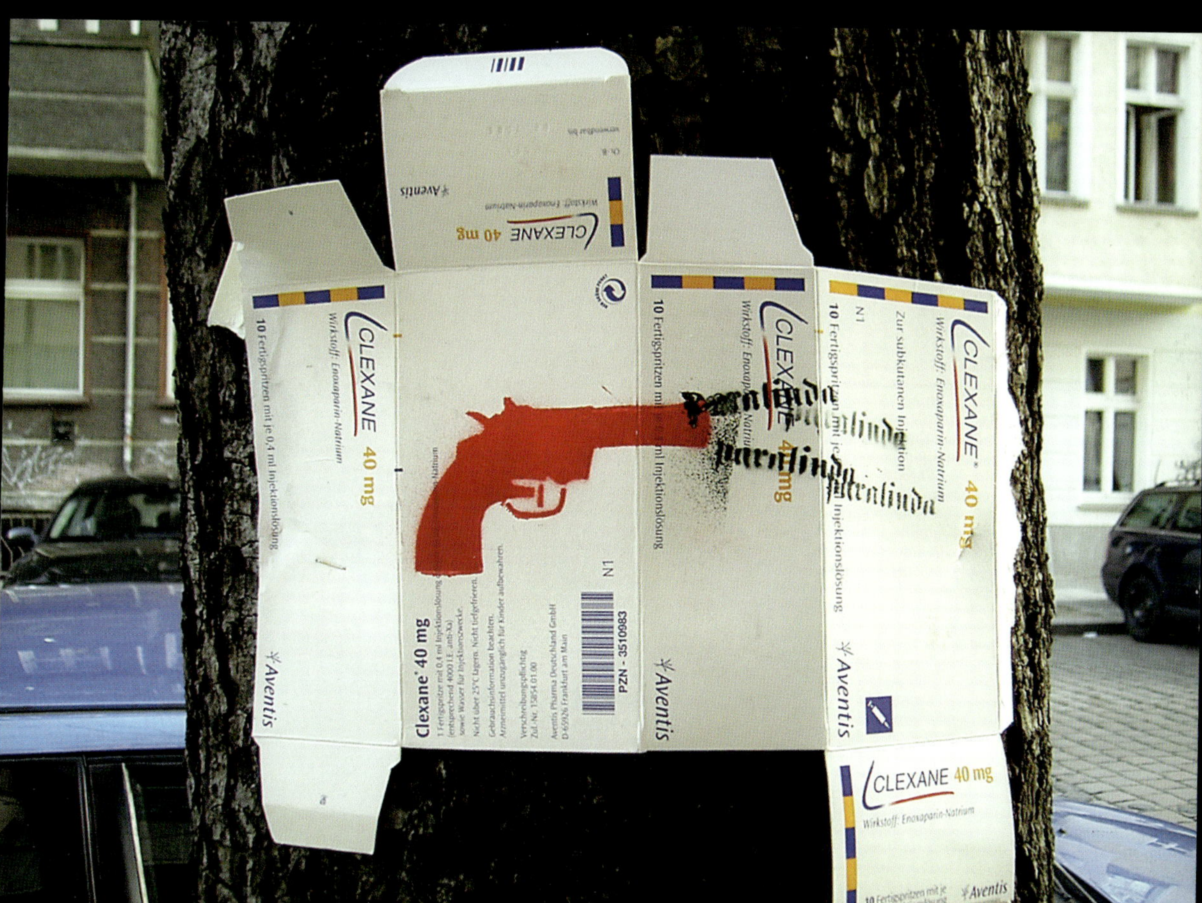
CLEXANE 40 mg
Wirkstoff: Enoxaparin-Natrium
10 Fertigspritzen mit je 0,4 ml Injektionslösung
Aventis
CLEXANE 40 mg
Wirkstoff: Enoxaparin-Natrium
10 Fertigspritzen mit je 0,4 ml Injektionslösung
Aventis
CLEXANE 40 mg
Wirkstoff: Enoxaparin-Natrium
N1
Zur subkutanen Injektion
10 Fertigspritzen mit je 0,4 ml Injektionslösung
Aventis
CLEXANE 40 mg
Clexane 40 mg
1 Fertigspritze mit 0,4 ml Injektionslösung
(entsprechend 4000 I.E. anti-Xa)
sowie Wasser für Injektionszwecke.
Nicht über 25°C lagern. Nicht tiefgefrieren.
Gebrauchsinformation beachten.
Arzneimittel unzugänglich für Kinder aufbewahren.
Verschreibungspflichtig
Zul.-Nr. 13854.01.00
Aventis Pharma Deutschland GmbH
D-65926 Frankfurt am Main
N1
PZN - 3510983
Aventis
CLEXANE 40 mg
Wirkstoff: Enoxaparin-Natrium
10 Fertigspritzen mit je
0,4 ml Injektionslösung
Aventis

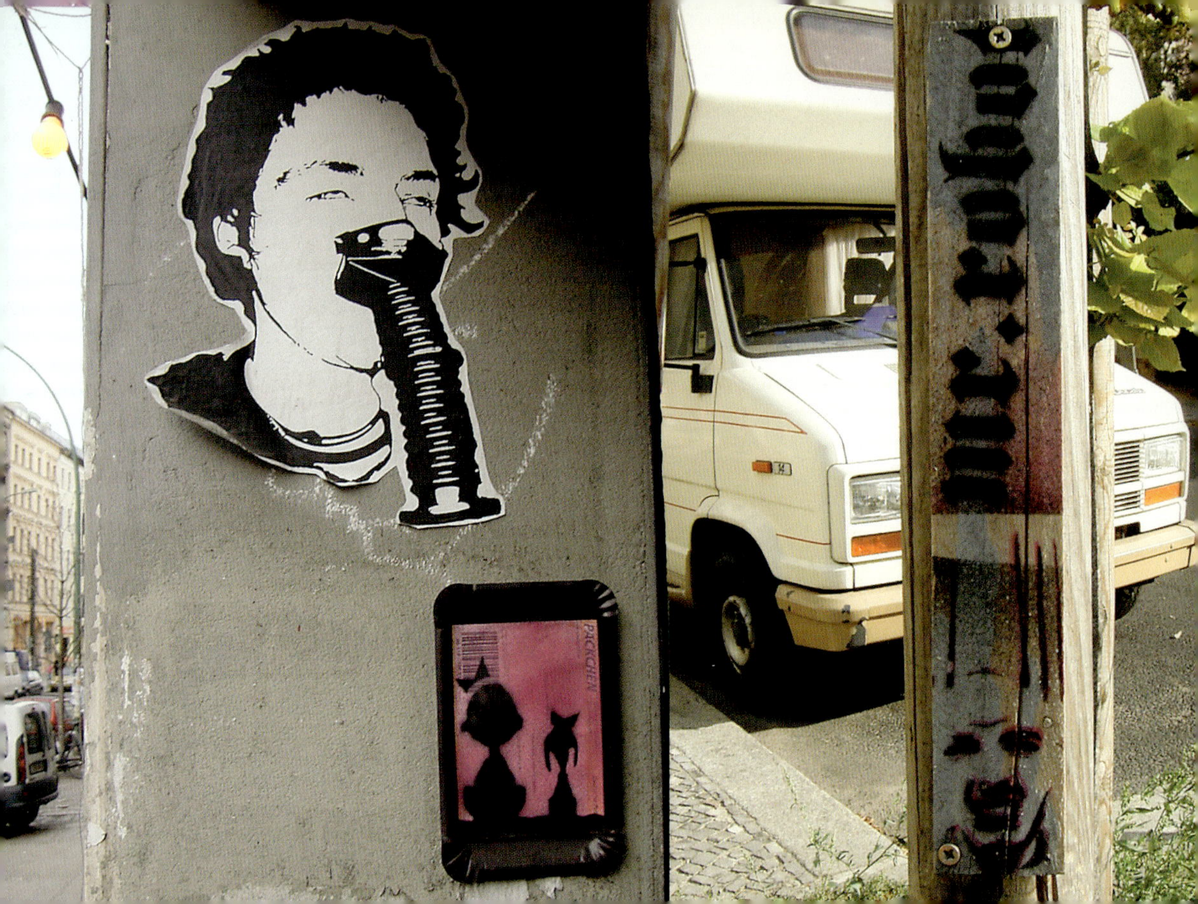

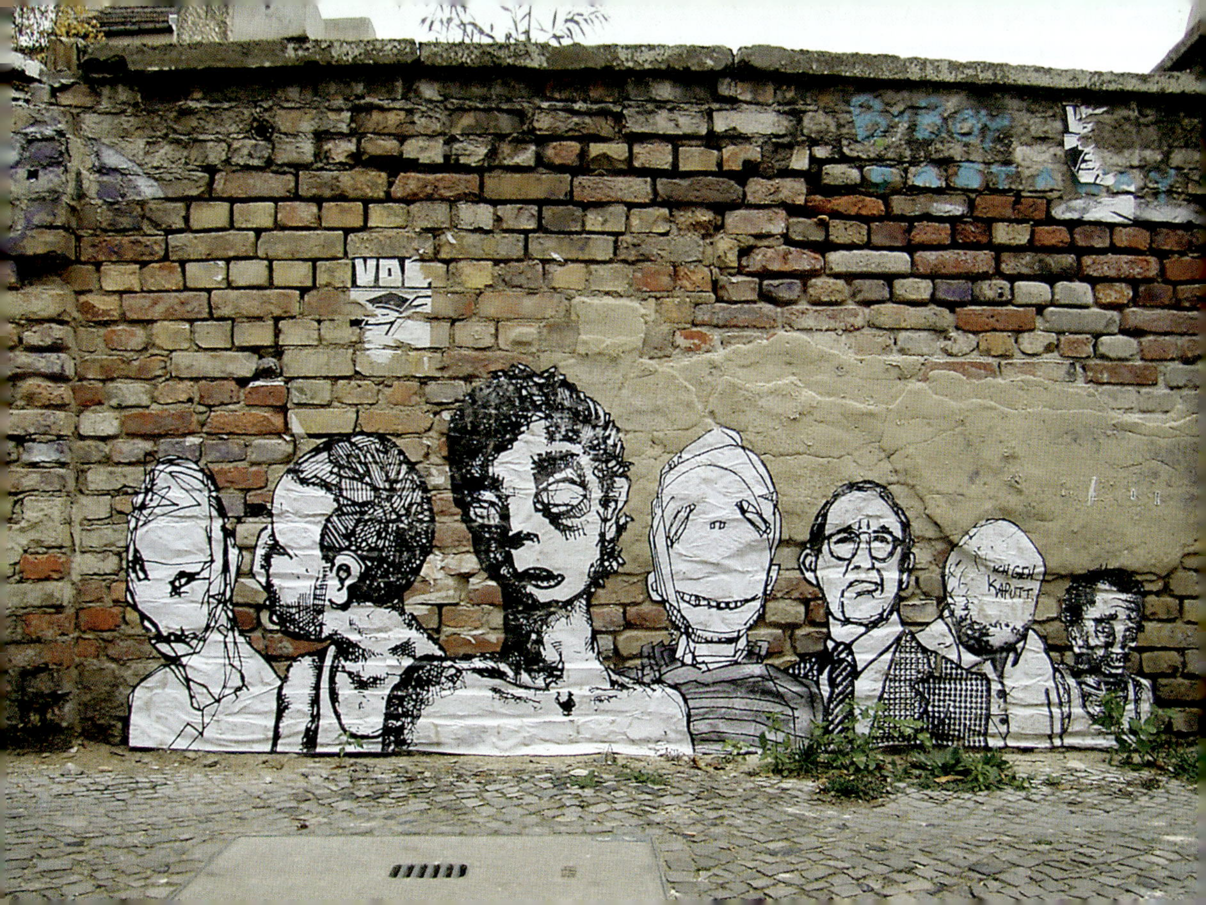

ICH GEH KAPUTT
B-BOY

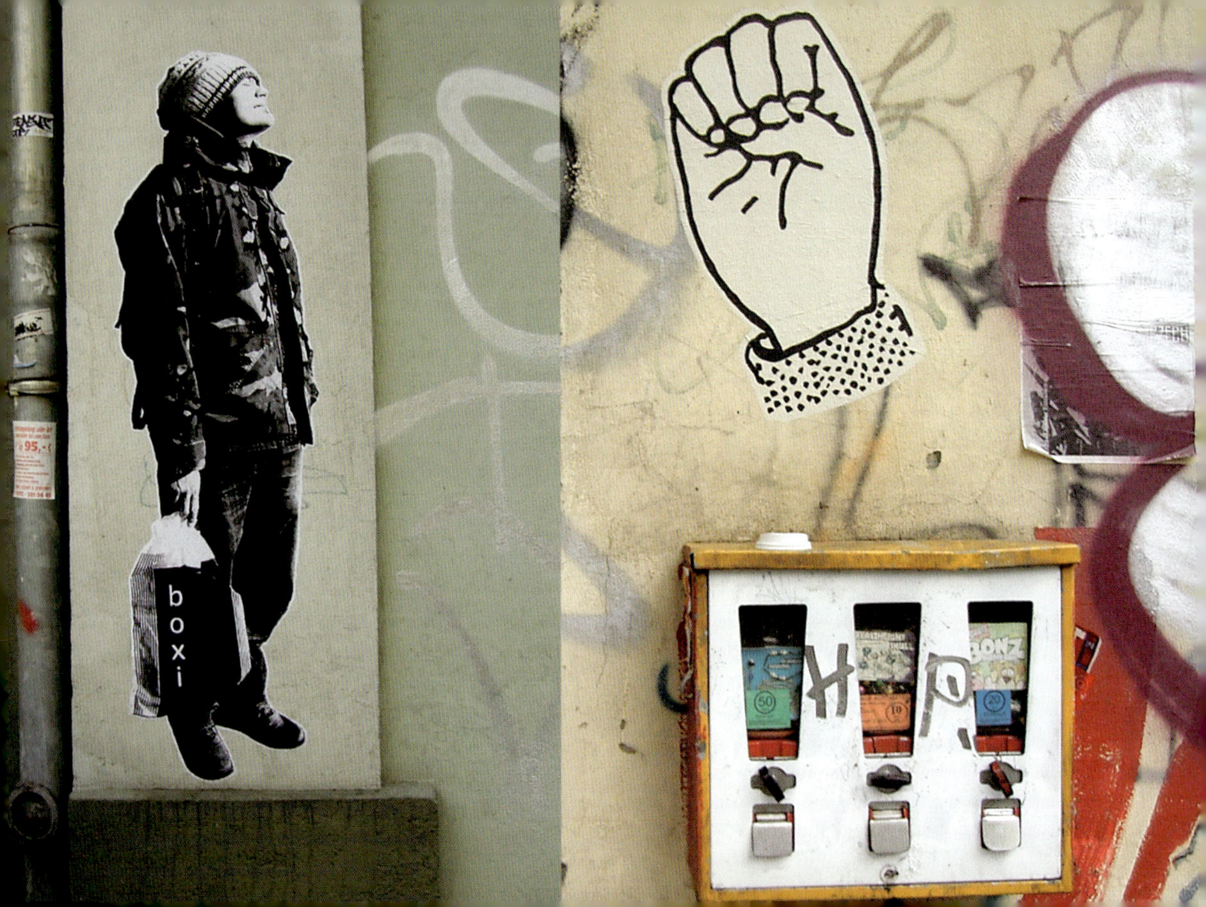
boxi

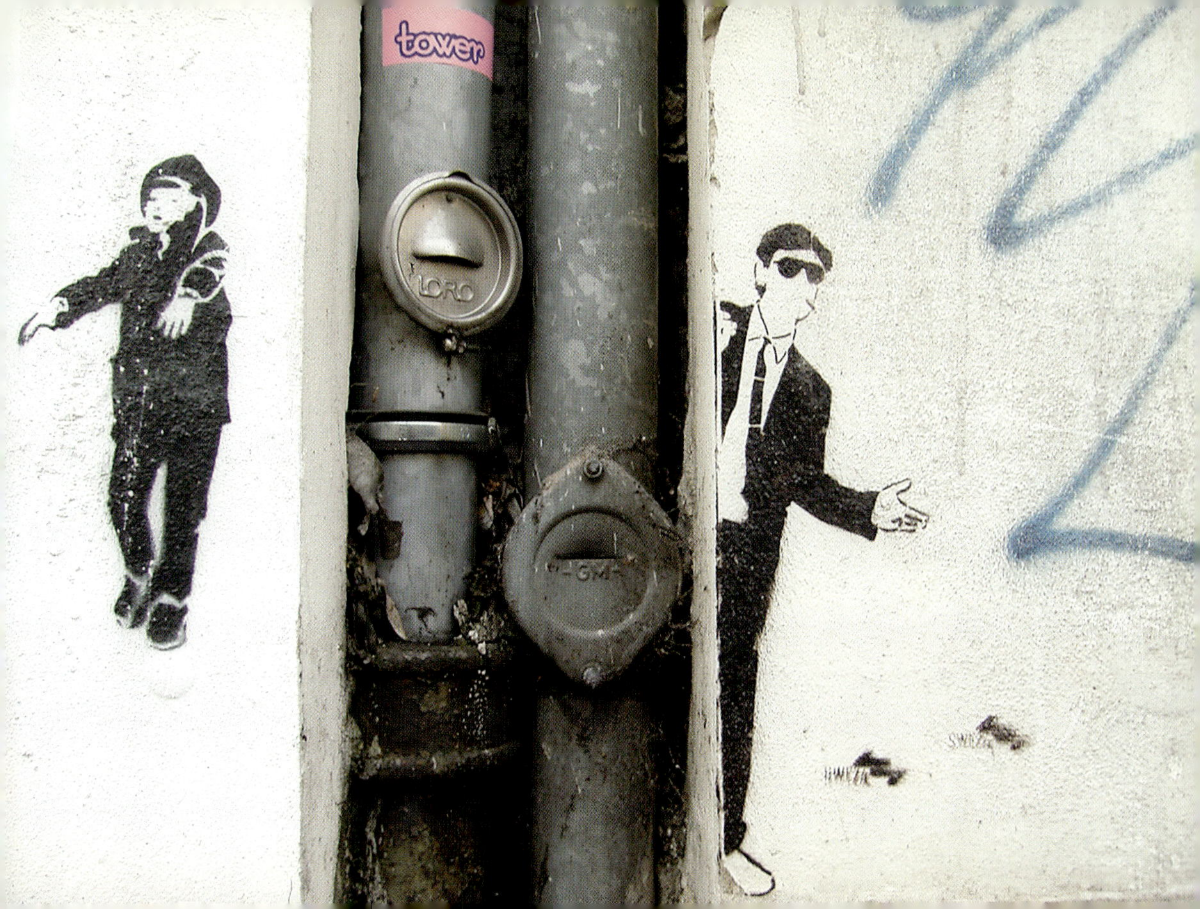
tower
LORD
GM

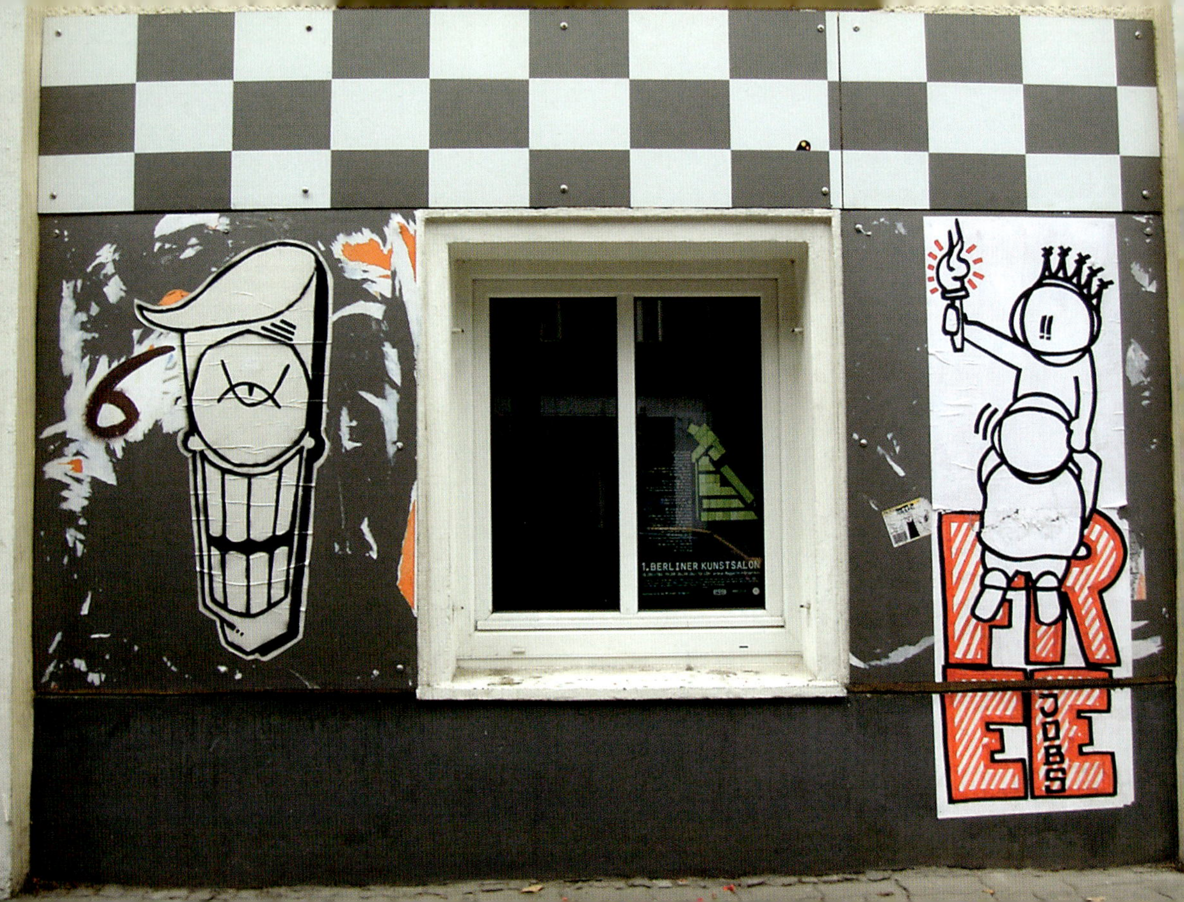
1. BERLINER KUNSTSALON
FREE
JOBS

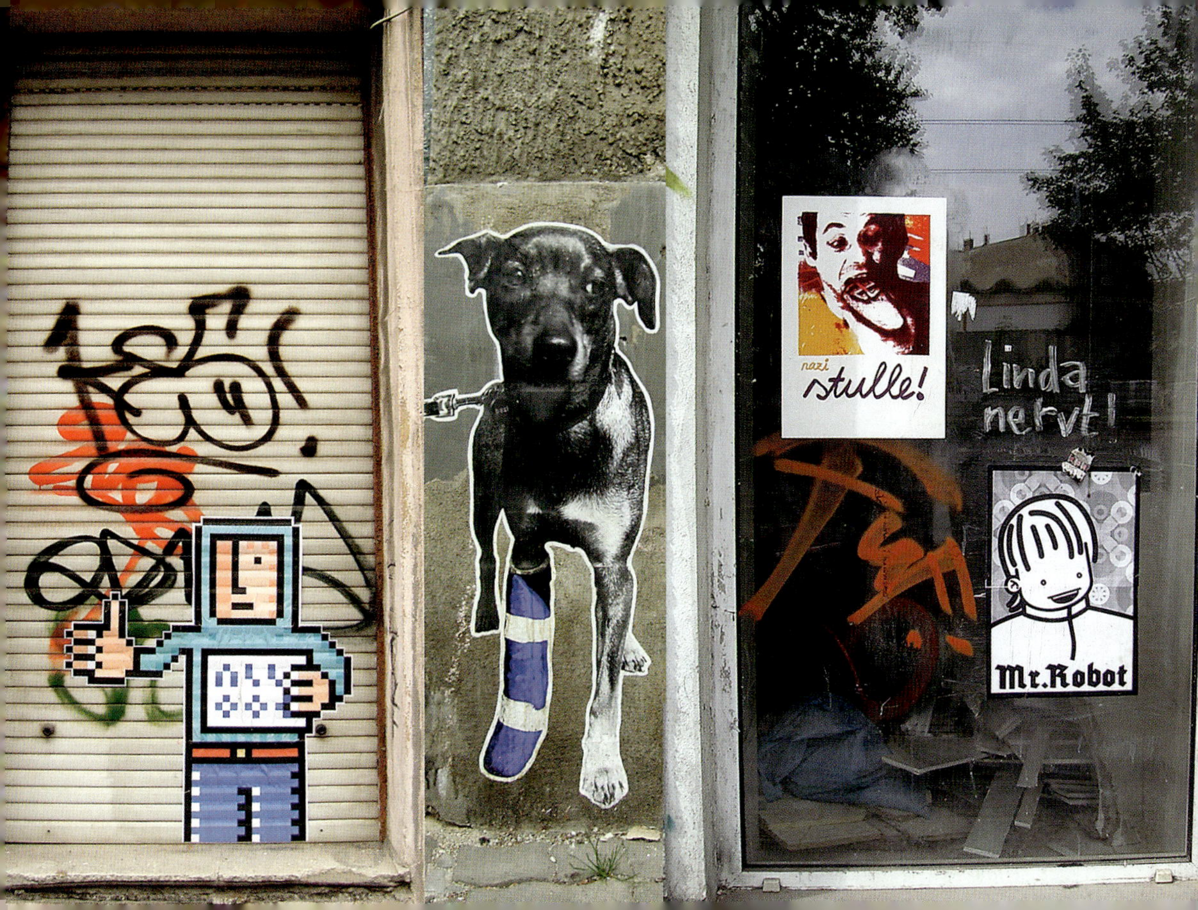

nazi
stulle!
Linda
nervt!
Mr.Robot

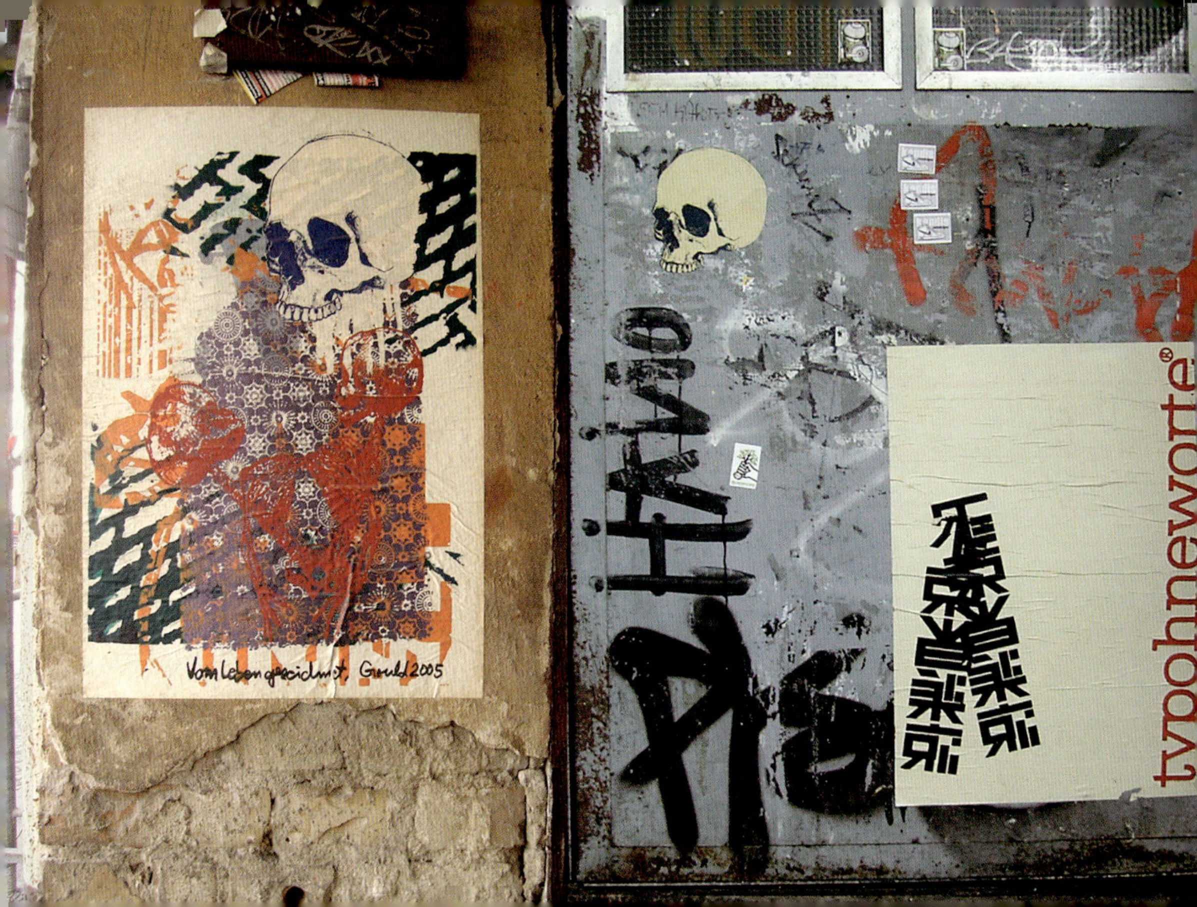
Vom Leben gezeichnet, Gould 2005
typohneworte®

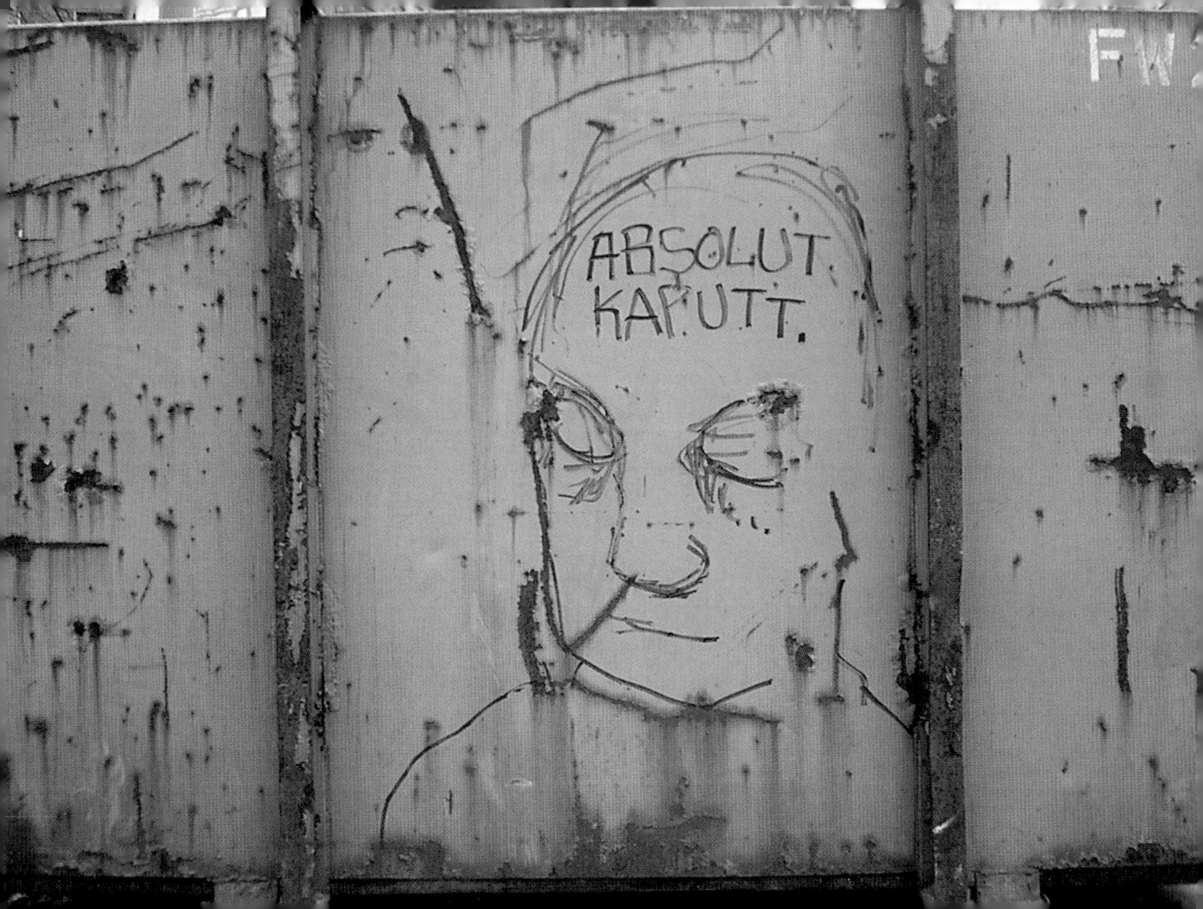
ABSOLUT
KAPUTT.

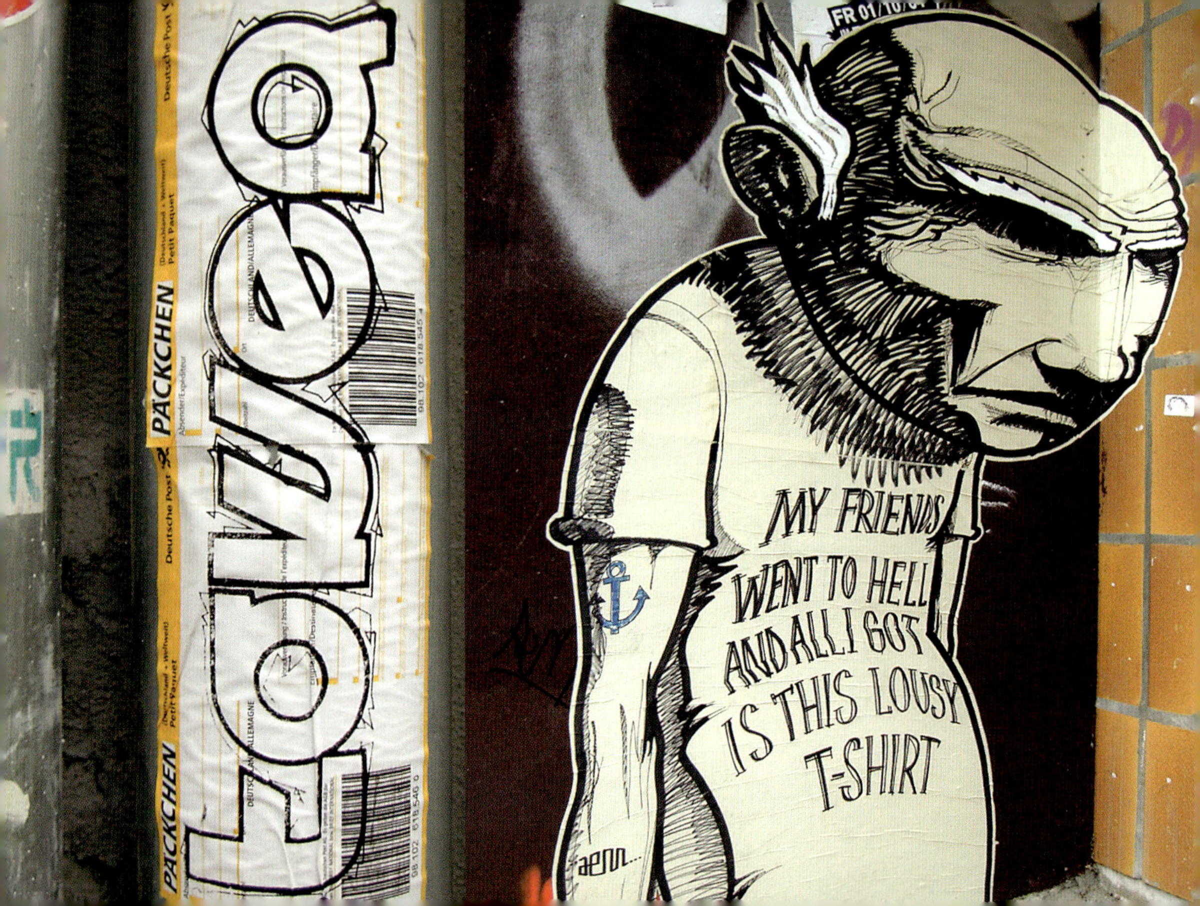
MY FRIENDS
WENT TO HELL
AND ALL I GOT
IS THIS LOUSY
T-SHIRT
PÄCKCHEN
Deutsche Post
PÄCKCHEN
FR 01

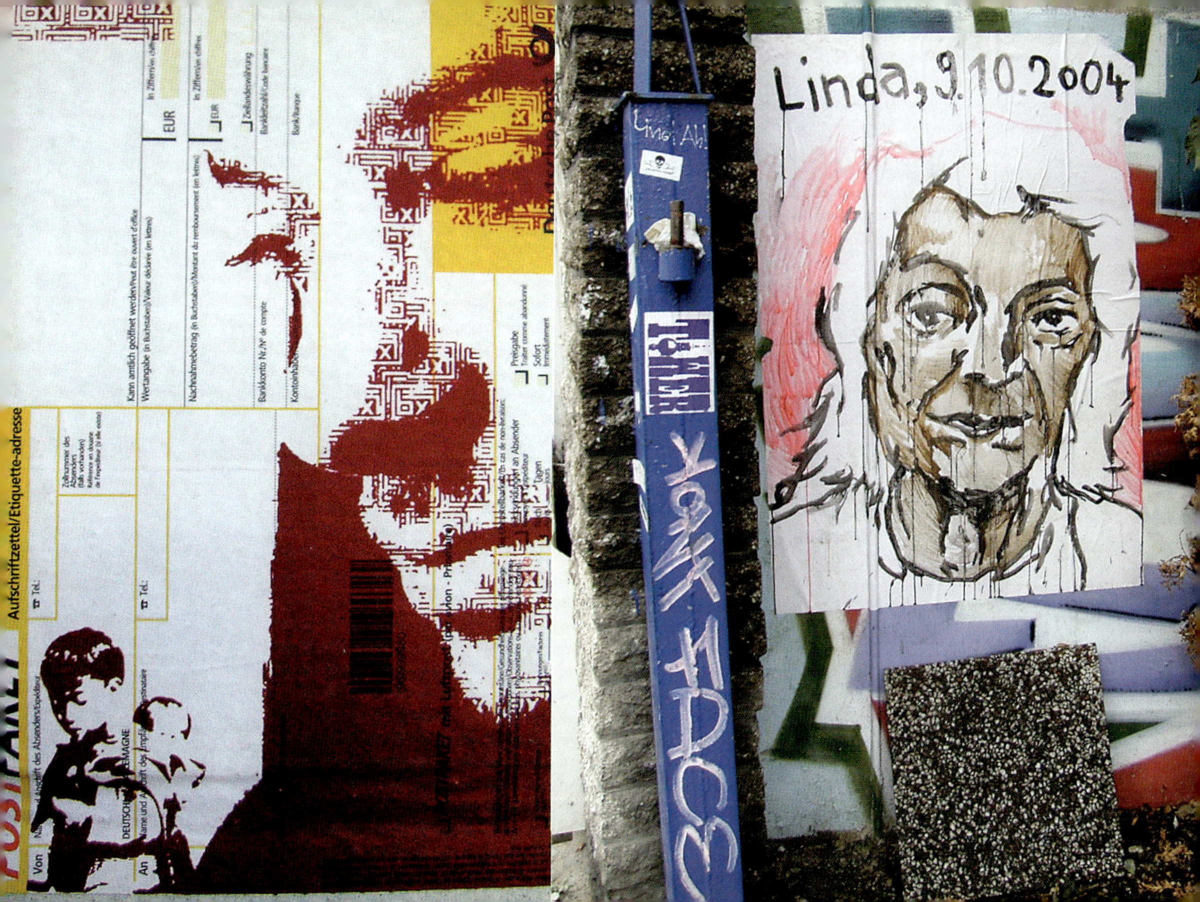

Linda, 9.10.2004

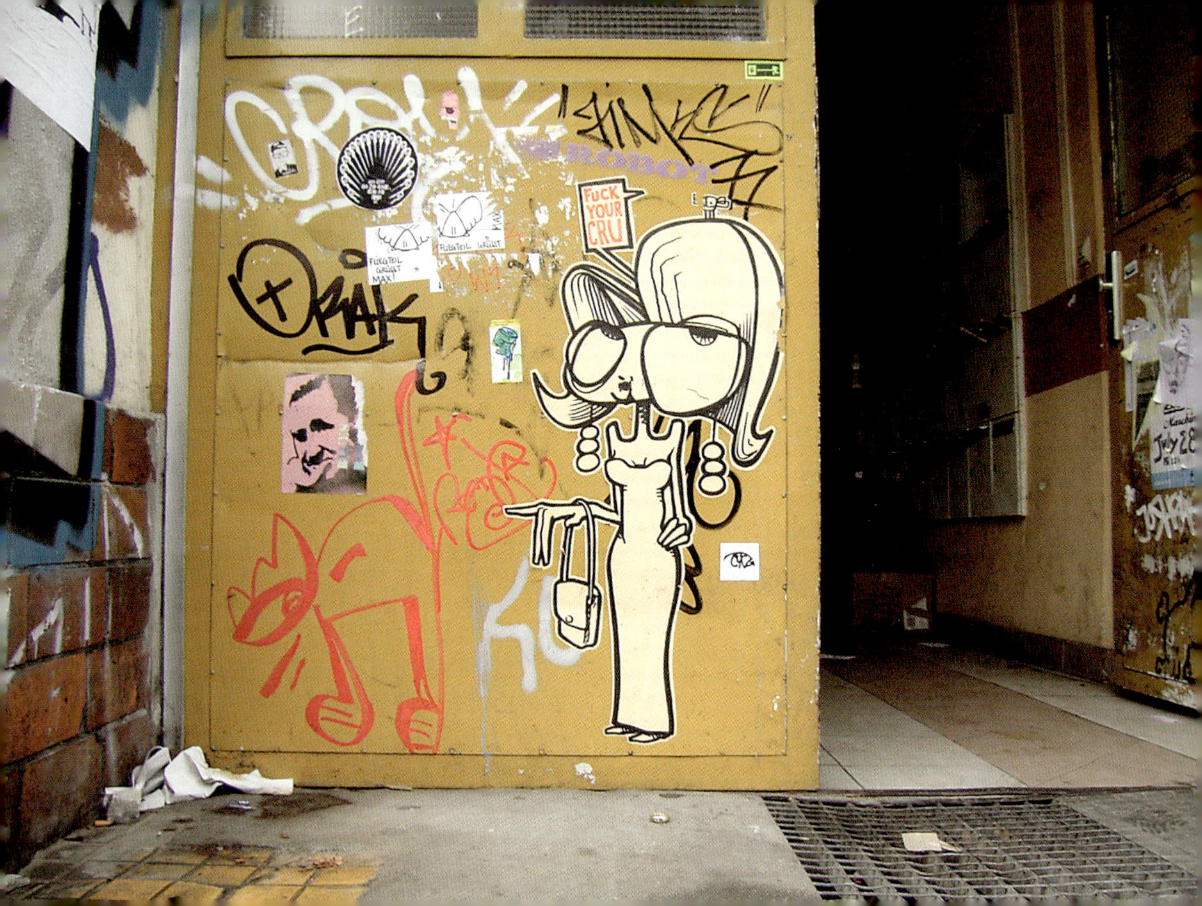

ROBOT
FUCK
YOUR
CRU
FLIEGTEIL
GRÜSST
MAXI

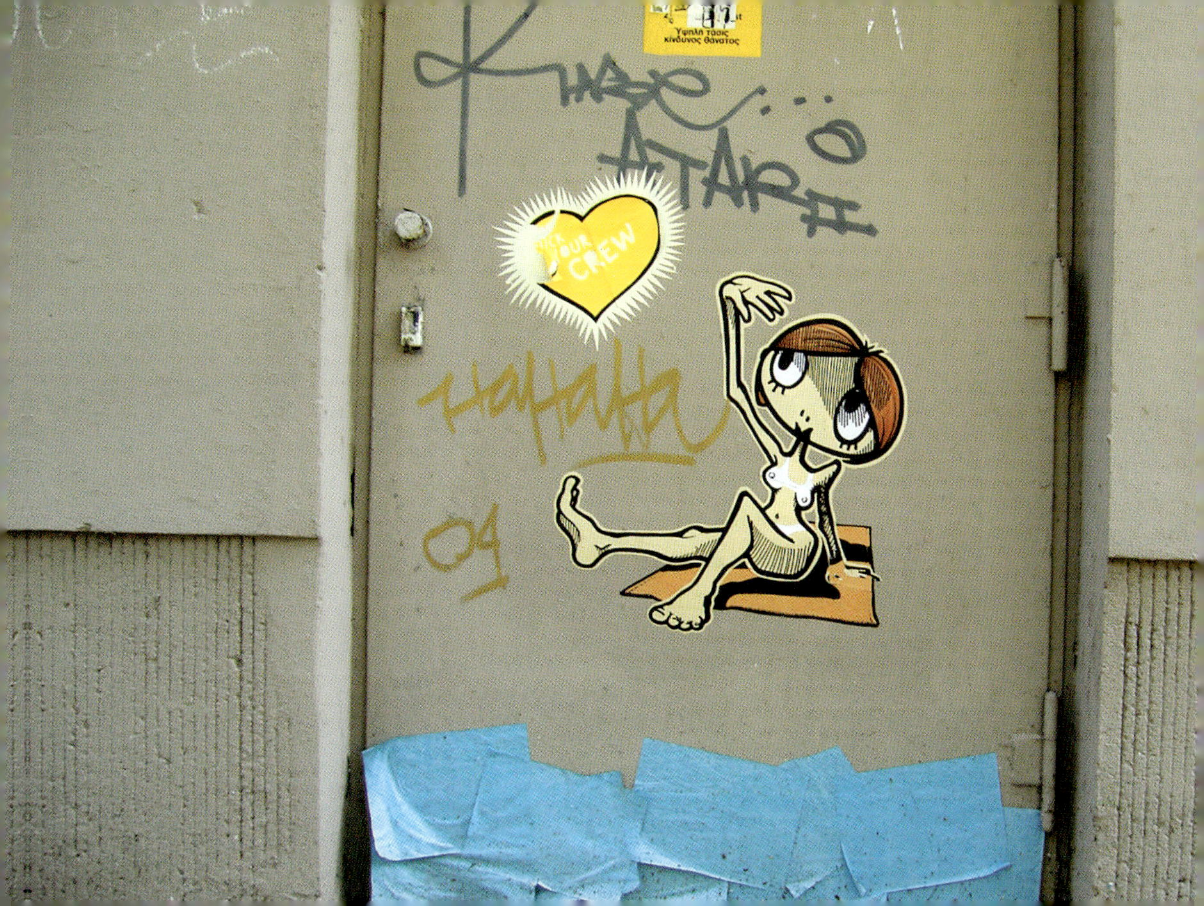

Υψηλή τάσις
κίνδυνος θάνατος
YOUR
CREW

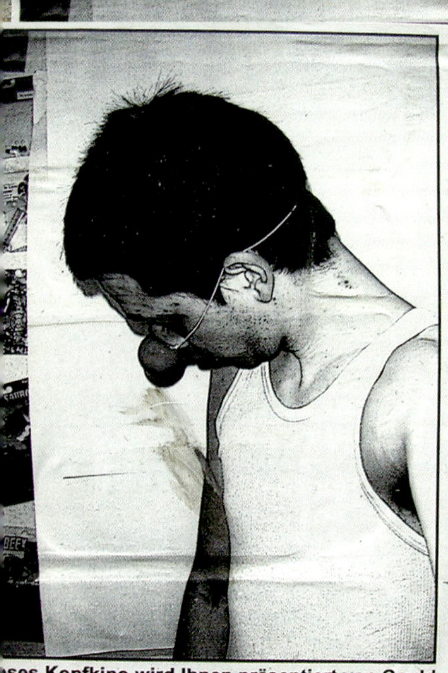

...ses Kopfkino wird Ihnen präsentiert von Gould
...ban Antitainment, Berlin 2005, Film 01, Bild 01/50]
[Urban Antitainment, Berlin 2005, Film 01, Bild 01/50]

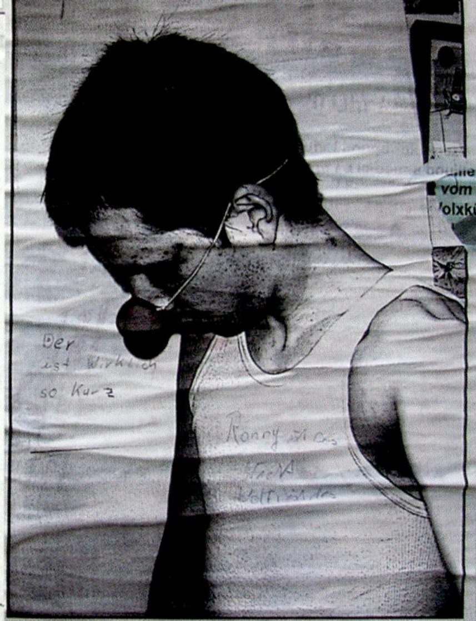

Der ist wirklich so kurz
Ronny
Dieses Kopfkino wird Ihnen präsentiert von Gould
[Urban Antitainment, Berlin 2005, Film 01, Bild 03/50]
Dieses
[Urban Antitainment, Berlin 2005, Film 01, Bild 03/50]
opelle
Bar Kunstra
Seumestrasse 2
Uhr, Fr-So ab 15 Uhr

Kopfkino wird Ihnen präsentiert von G
[Urban Antitainment, Berlin 2005, Film 01, Bild 2
Cafe Bar Ku
Seumestras
Berlin

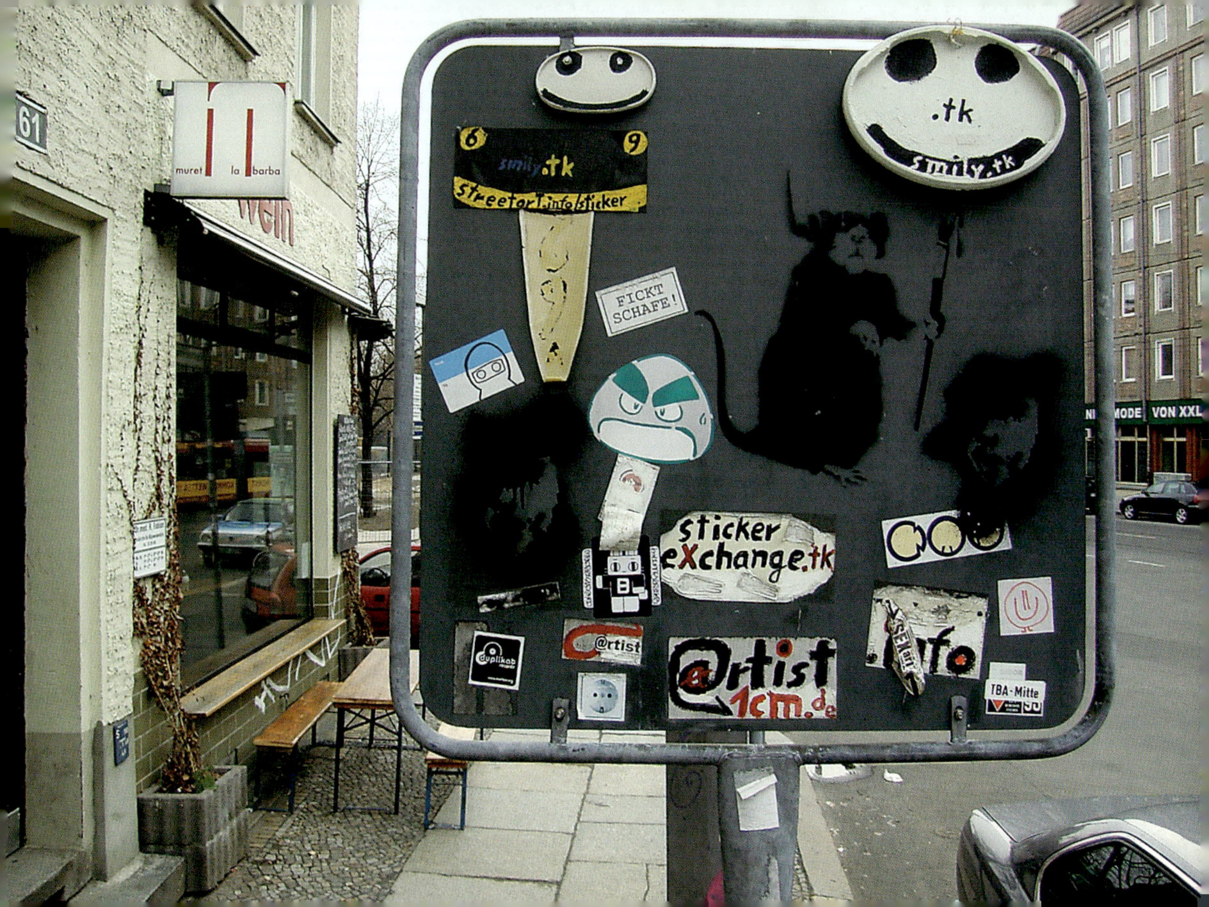
muret   la   barba
wein
61
.tk
smily.tk
6 9
smily.tk
streetart info sticker
FICKT
SCHAFE !
sticker
eXchange.tk
@rtist
@rtist
1cm.de
duplikat
TBA-Mitte
MODE VON XXL

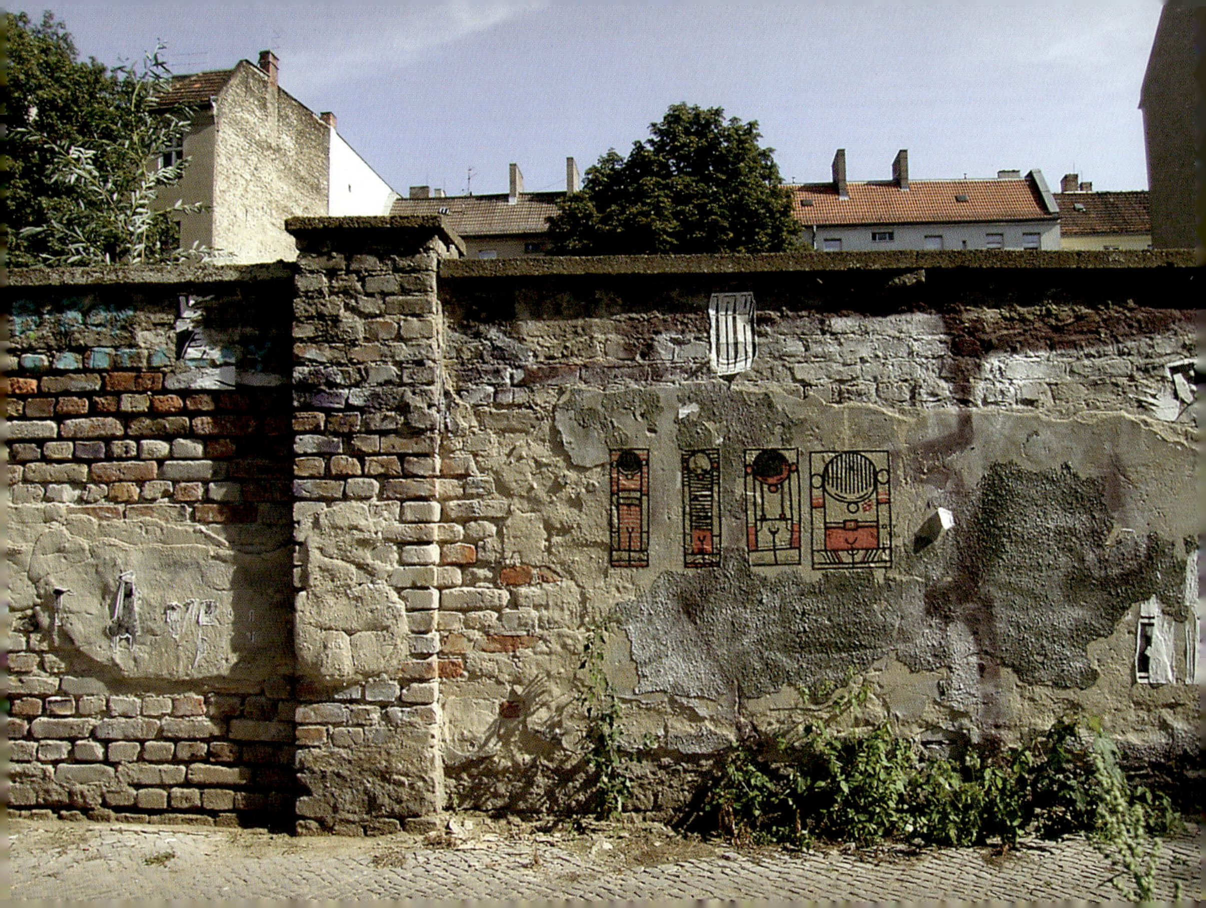

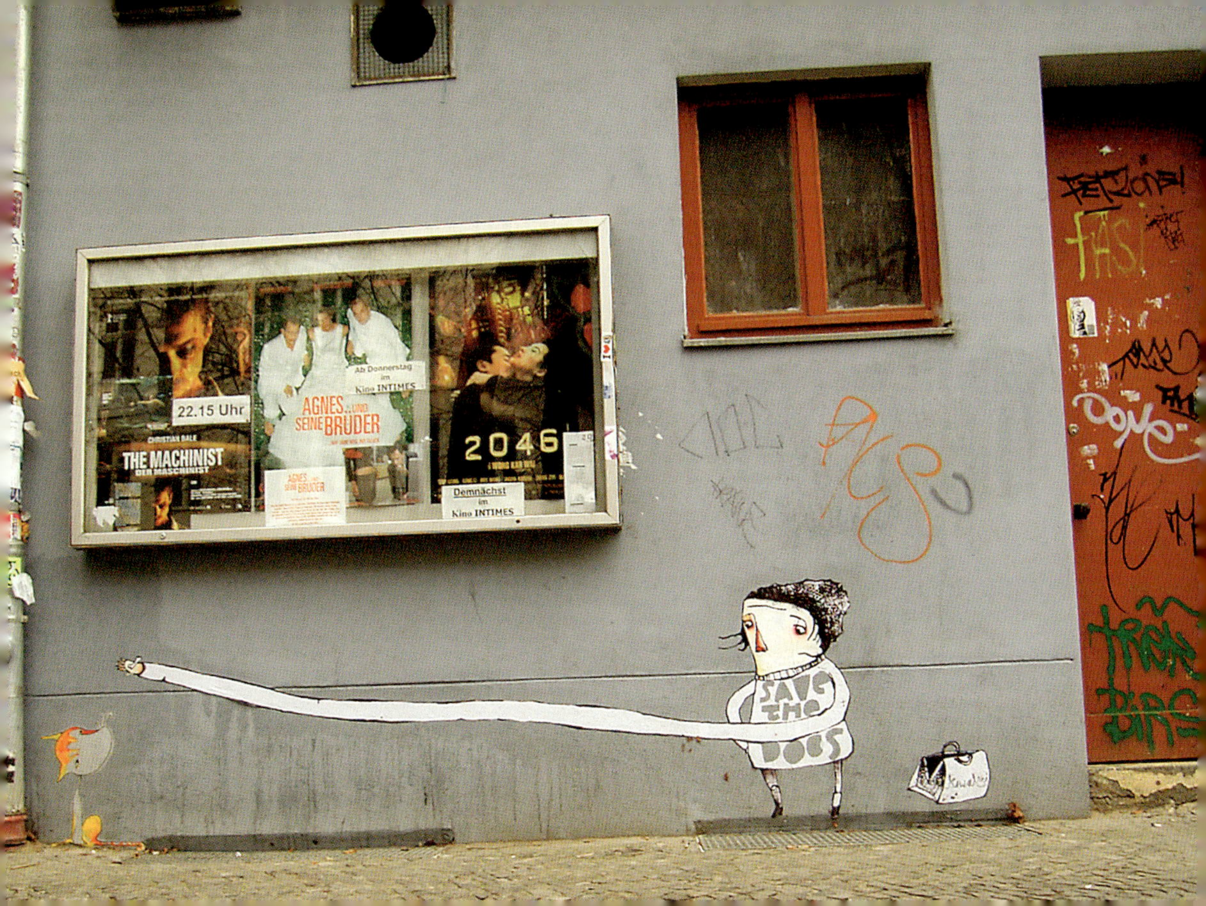

22.15 Uhr
CHRISTIAN BALE
THE MACHINIST
DER MASCHINIST
Ab Donnerstag
im
Kino INTIMES
AGNES UND SEINE BRUDER
2046
Demnächst
im
Kino INTIMES
SAG
THO
LOOS

FUNKIEST FASTER EVER!
party arty vol.9
a night of vibes from different tribes
WHAT'S WRONG WITH BEARDS?
UNDEN
spoken word perfomance
& poetry clips von spoken word
berlin + vernissage: 21:30
party dann danach
FUNK/R'N'B/SOUL/OLDSCHOOLHIPHOP
LOVELITE SIMPLON STRASSE 38/40

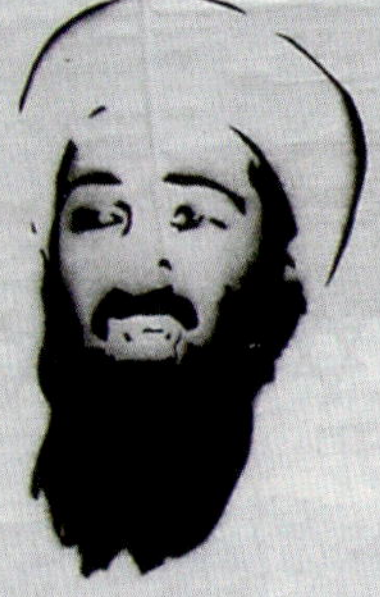

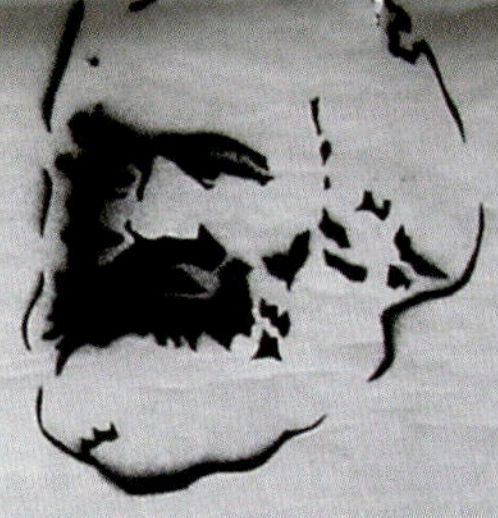

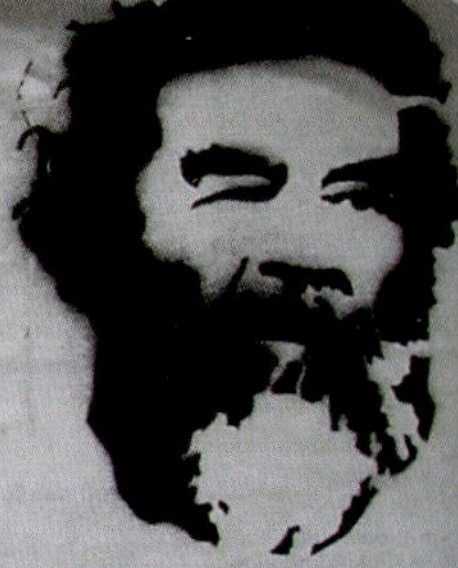

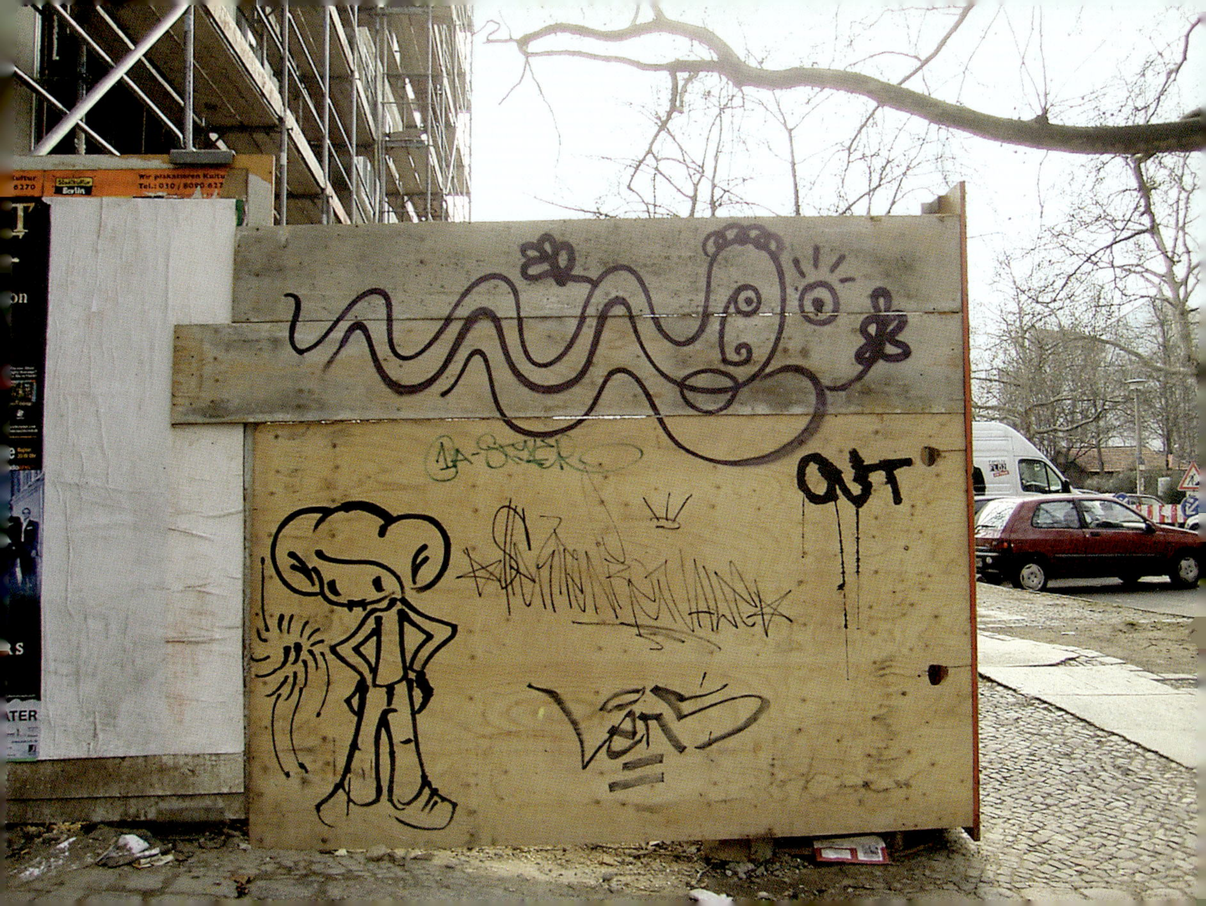

© Prestel Verlag
München · Berlin · London · New York, 2005

Die Deutsche Bibliothek verzeichnet diese Publikation in
der Deutschen Nationalbibliografie; detaillierte bibliografische
Angaben sind im Internet über http://dnb.ddb.de abrufbar

Die Deutsche Bibliothek lists this publication in the Deutsche
Nationalbibliografie; detailed bibliographic data is available
on the Internet at http://dnb.ddb.de

The Library of Congress Cataloguing-in-Publication data is
available.

Prestel Verlag
Königinstraße 9, 80539 München
Tel. +49 (0)89 38 17 09-0, Fax +49 (0)89 38 17 09-35
e-mail: info@prestel.de

Prestel Verlag
Büro Berlin
Husemannstraße 26, 10435 Berlin
Tel. +49 (0)30 425 01 85, Fax +49 (0)30 425 01 85
www.prestel.de

Prestel Publishing Ltd.
4 Bloomsbury Place, London WC1A 2QA
Tel. +44 (0)20 7323-5004, Fax +44 (0)20 7636-8004

175 5th Avenue, Suite 402, New York, NY 10010
Tel. +1 (212) 995-2720, Fax +1 (212) 995-2733
www.prestel.com

Prestel books are available worldwide.

Please contact your nearest bookseller or write to
one of the above addresses for information concerning
your local distributor.

Übersetzung / Translation: Paul Aston, Oxford

Lektorat / Editor: Frauke Berchtig

Copy-editing: Danko Szabó, München

Gestaltung / Design: Sven Zimmermann, Berlin

Herstellung / Layout:
typo//designbüro uta thieme & jens wolfram, Berlin

Reproduktion / Origination: LVD GmbH, Berlin

Druck / Printing: Jütte-Messedruck Leipzig GmbH

Bindung / Binding:
Kunst- und Verlagsbuchbinderei GmbH, Leipzig

Fotonachweis / Photographic credits:
Alle Aufnahmen stammen von / All photographs by
© Sven Zimmermann, Berlin

Gedruckt auf chlorfrei gebleichtem Papier /
Printed on acid-free paper / Printed in Germany

ISBN 3-7913-3466-2